上海抗战与世界反法西斯战争系列丛书

淞沪

淞沪抗战史料丛书

第六辑

上海抗战	贾开基　编
淞沪血战面面观	刘子清　编
空军抗战纪略	吴亮夫　著
远东第一次空中大战记	战时读物编行社　编

上海科学技术文献出版社
Shanghai Scientific and Technological Literature Press

图书在版编目（CIP）数据

淞沪抗战史料丛书第6辑：上海抗战、淞沪血战面面观、空军抗战纪略、远东第一次空中大战记 / 贾开基等编著. —上海：上海科学技术文献出版社，2015.4
（上海抗战与世界反法西斯战争系列丛书）
ISBN 978-7-5439-6589-8

Ⅰ. ①淞… Ⅱ. ①贾… Ⅲ. ①一·二八事变—史料 Ⅳ. ①K264.310.6

中国版本图书馆 CIP 数据核字（2015）第 035747 号

本书由上海文化发展基金会图书出版专项基金
上海市哲学社会科学规划课题资助出版

责任编辑：张　树
封面设计：周　婧

丛书名：上海抗战与世界反法西斯战争系列丛书
书　名：淞沪抗战史料丛书第六辑：上海抗战、淞沪血战面面观、空军抗战纪略、远东第一次空中大战记

贾开基　刘子清　吴亮夫　战时读物编行社　编著
出版发行：上海科学技术文献出版社
地　　址：上海市长乐路 746 号
邮政编码：200040
经　　销：全国新华书店
印　　刷：常熟市人民印刷有限公司
开　　本：889×1194　1/32
印　　张：13.25
版　　次：2015 年 4 月第 1 版　2015 年 4 月第 1 次印刷
书　　号：ISBN 978-7-5439-6589-8
定　　价：118.00 元
http://www.sstlp.com

《上海抗战与世界反法西斯战争》系列丛书总序

徐　麟

伟大的中国抗日战争，是近代中国人民反对帝国主义侵略并且取得第一次完全胜利的民族解放战争，是开展时间最早、持续时间最长的世界反法西斯战争东方主战场。在这场历经十四年之久的抗日战争中，中国各族各界人民同仇敌忾、共赴国难，经过艰苦卓绝的浴血奋战，以巨大的民族牺牲，打败了穷凶极恶的日本法西斯侵略者，取得了辉煌的胜利。正如习近平总书记所指出的，中国抗日战争“为挽救民族危亡、实现民族独立和人民解放，为争取世界和平的伟大事业，作出了彪炳史册的贡献”。中国抗日战争是在中国共产党倡导的以国共合作为基础的抗日民族统一战线旗帜下进行和取得胜利的。以爱国主义为核心的伟大民族精神是中国抗日战争胜利的决定因素，中国共产党的中流砥柱作用是中国抗日战争胜利的根本保证，全民族抗战是中国抗日战争胜利的重要法宝。

上海抗战是中国抗日战争的重要组成部分。在中国抗日战争与世界反法西斯战争中，作为中国共产党的诞生地，上海这座具有反帝反封建光荣革命传统的英雄城市，发挥了独特的重要作用，作出了重大的历史性贡献。

20世纪三四十年代，上海这座国际性的大都市，已经成为中国与世界各国通商贸易的主要港口，成为中国经济、文化中心和政治、外交副中心。同时，上海又是当时中国最大的军港和守卫长江的大门，具有重要的军事战略地位，因而始终成为日本法西斯军国主义觊觎的一个战略要地。1931年九一八事变后，日本法西斯军国主义进而在上海挑起了一·二八事变，发动了对淞沪地区的武装侵略，驻守上海的十九路军和前来增援的第五军与上海人民奋起抵抗，给予日本侵略者以沉重一击，成为中国局部抗战历史进程中承前启后的关键性一役。九一八和一·二八时期的抗日武装斗争和民众抗日救亡运动，在世界上率先举起了反法西斯的旗帜，揭开了中国抗日战争和世界反法西斯战争的序幕。1937 年七七事变后仅一个月余，日本法西斯军国主义又把侵略魔爪伸向上海，遭到中国爱国军民的顽强抵抗，形成了以上海为中心的一场气壮山河、震惊中外的八一三淞沪抗战。七七卢沟桥事变和八一三淞沪会战，标志着日本法西斯军国主义全面侵华战争的开始。在中国共产党的积极倡导和推动下，抗日民族统一战线正式形成，揭开了中国全民族全面抗战的序幕，也标志着世界反法西斯的第二次世界大战在亚洲的东方战场正式形成。在八一三淞沪抗战历时一百多天的日日夜夜，中国军队和上海人民以其鲜血和生命，筑成了一座民族自卫的血肉长城，谱写了一曲民族团结、共御外敌的壮丽史诗。上海沦陷后，上海民众在全国人民和全世界爱好和平的各国人民的声援、支持下，面对极其艰辛险恶的环境，仍然以大无畏的英雄气概，坚定不移地继续投身于全民族抗战的洪流，对日伪的法西斯统治进行不屈不挠的斗争。中国共产党始终高举抗日民族统一战线的伟大旗帜，发动民众，团结上海各界人士，从人力、物力、财力等方面支持抗日民主根据地和抗战大后方的斗争，冒着腥风血雨，迎接抗日战争的最后胜利。

两次淞沪抗战及上海民众在十四年中不间断的抗日救亡运动，构成了一幅幅上海抗战英勇悲壮的画卷，也铸就了上海在中国抗日战争和世界反法西斯战争中的重要历史地位：上海不仅是中国对日作战的一个坚强的军事战略重镇，也是中国抗日救亡运动的前期中心和中国抗战文化的发源地；不仅是支援抗战大后方和抗日民主根据地的重要基地，也是世界反战反法西斯人士和中外难民的庇护所，是世界反法西斯舆论战、情报战的东方主要阵地，又是中国联系国际反法西斯阵营的纽带和桥梁。更为重要的是，上海抗日战争凸显了其重要的历史意义：它在外敌入侵、民族危亡的关键时刻，全面地、全方位地弘扬了以爱国主义为核心的民族精神，折射了中华民族有同侵略者血战到底的气概、有在自力更生的基础上光复旧物的决心，有自立于世界民族之林的能力，上海抗日战争在中国抗日战争和世界反法西斯战争历史上树立了一座永不磨灭的丰碑。

今年是中国抗日战争暨世界反法西斯战争胜利七十周年。在中共上海市委的领导和支持下，上海学术界和理论界，经过多年的努力，联合推出了《上海抗战与世界反法西斯战争》系列丛书。这套系列丛书分为三个子系列，**一是上海抗日战争史丛书，**内中包括上海抗战史通论、一·二八淞沪抗战、八一三淞沪抗战、日军在上海的罪行与统治、上海人民抗日救亡运动、上海郊县抗日武装斗争、上海人民支援新四军与抗日根据地、抗战时期的上海经济、抗战时期的上海文化、上海抗战与国际援助等；**二是淞沪抗战史料丛书，**选辑和汇集民国时期有关上海抗战的具有代表性的通讯、纪实、回忆录及报告文学等鲜为人知的孤本、藏本影印重版；**三是上海抗战与世界反法西斯战争研究丛书，**其中包括：资料性著作：如记忆中的淞沪抗战、淞沪抗战中文报刊资料选编、淞沪抗战档案史料选编、上海抗战历史文献选编等；专题性著作：如中国共产党与上海抗战、当代学者论淞沪抗战、国外学者论淞沪抗战、一·二八淞沪抗战画史、八一三淞沪抗战画史等；工具性著作：如上海抗战与世界反法西斯战争大事年表、上海抗战与世界反法西斯战争事件人物录等；通论性著作：在上述论著的基础上完成一部通论性著作，即上海抗战与世界反法西斯战争全史。这三个子系列丛书各有千秋、各具特色，在集结出版后，更能起到互相参照、取长补短的作用。可以说，这套系列丛书是上海学术界和理论界研究上海抗日战争和世界反法西斯战争的一项重大的学术成果，是对上海抗日战争史研究的一个重要总结和一次集中展示，也是向中国抗日战争暨世界反法西斯战争胜利七十周年献上的一份厚礼！

“疑今者，察之古；不知来者，视之往”。历史是最好的教科书。《上海抗战与世界反法西斯战争》系列丛书的出版发行，更是为了向社会提供一部能够弘扬时代正能量、培育与践行社会主义核心价值观的好教材。让我们站在新的历史起点上，进一步铭记历史、缅怀先烈、珍视和平、警示未来，为实现中华民族伟大复兴而奋斗，为促进世界的和平和发展作出我们应有的贡献。

2015 年 3 月

出版说明

《淞沪抗战史料》丛书充分利用上海图书馆馆藏资源，将已见或未见的关于淞沪抗战史料以影印的形式出版，内容涵盖两次淞沪抗战，即一·二八淞沪抗战和八一三淞沪抗战，力求比较全面、翔实和生动地反映淞沪抗战的全貌。

两次淞沪抗战，是中国人民伟大的抗日民族解放战争的重要组成部分，特别是八一三淞沪抗战是在中国共产党的抗日民族统一战线政策的指引下，以国共两党的合作为中心，全国各爱国党派团体、中央和地方各系抗日军队、各界爱国民众以及海内外侨胞，在抗日御侮、共赴国难的基础上发动和进行的，堪称民族自卫战争史上的伟业。它体现了中国人民血洒沙场、拼死抗战的决心和民族团结精神。在抗战胜利 70 周年之际，阅读这些史料，重温那段中华民族优秀儿女面对强敌、誓死抗争的精神，就是最好的爱国主义教育。两次淞沪抗战展示了中华民族奋起改变自己国家命运的伟大信念，爱国主义激发出全体中国人民的巨大力量，这种信念和力量，在今天仍然弥足珍贵，令人心怀激荡。两次淞沪抗战中那些大气磅礴、气壮山河的史诗故事，均在本套丛书资料中有翔实的记录和质朴的史料作为佐证。

由于各种原因，原书中存在着印刷错误，而且有些细节也与史料不符，对书中的一些观点我们也不完全赞同，为了给读者提供最原始的抗战史料，对上述问题未做任何处理，希望读者能够给予理解。

编者

2015 年 3 月

目　录

上海抗戰

賈開基編譯

復旦大學文摘社出版

上海黎明書局經售

讓我們結成一座鐵的長城，把敵人趕盡。我們萬衆一心，向着勝利解放的路前進！

編者幾句話

這次上海抗戰，是抗日全面戰的序幕，是中華民族爭取自由解放的起點。而中華民族的人格，也隨着戰爭的展開，充分而明白地呈現於世界之前。這本冊子所蒐集的記述都是極正確的報道，有許多還是第三者給我們的崇敬。當這些偉大壯烈的事蹟之前，誰不肅然起敬，感動興奮，確信着勝利已在前面向我們舉着大手。

然而勝利是有待於力量爭取的。這本冊子正顯示着，我們在這次抗戰中表現的力量，以及須如何鑄成更大的力量。

讓我們踏着光榮的血蹟前進，前進，把殘暴消滅在正義之前，讓公理與良心，自由和光明，重屬於東亞的人類，世界的人類！

廿六年九月卄三日

目次

民國廿六年九月十五日出版

蔣委員長申言中國之態度

——對路透社記者的談話

路透社記者頃冒空襲之險，乘車赴京晉謁蔣委員長，探詢在目前中日不宣而戰的狀態下，中國政府之意見。當蒙委員長詳細見答，而委員長之意見尤着重於國際制裁的必要。

委員長宣稱：『制裁的必要，不僅是爲了中國，且是爲國際的安全。』『假若各國認識目下正在進行的侵略的威脅，並希望阻止此種結局之波及全世界，那末各國應直接或間接，採取任何適合於自國立場的行動以阻止之。』委員長說話時態度很肯定。繼謂：

『日本發動戰爭，其目的在粉碎中國而自立爲一大陸國家，此爲簡單之事實，已無須再煩言證明。』

委員長及蔣夫人公務甚煩忙，常每日辦公十八至二十小時。此次晉謁，本定爲五分鐘，後竟延至四十五分鐘，委員長本人亦詢及許多問題。

何。

記者嘗請委員長說明，自戰爭發生以來，其在軍事上或政治上所產生的結果爲何。

委員長答謂，『結果已有好幾個。第一是中國人民的一致團結，抵抗目無國際公法，蔑視正義人道，藉口侵略中國，並燬壞平民，無論其爲中國人或外國人之生命財產的兇暴殘忍的敵人。』

『第二個結果是列强顯然接受了「製造事件」以代國際公法；因此用侵略，佔據，終於吞併其部份領土以「懲膺」一個國家，便視爲出於正當。這是在東北所發生的事，而現在之企圖亦復如此。

『第三是日本蹂躪中國各重要海口以摧毀商業及驅出外人利益於亞洲大陸之外的有系統的企圖的揭露。而外人利益早已被驅出朝鮮，驅出滿洲矣。

『第四是中國已回答日本，卽，在軍器和組織上，日本卽或是强，中國卽或是弱，但中國已不再忍受日本所慣用以對待中國的方法，中國將抵抗任何對領土主權的破壞。

『第五是日本不斷地自毀其在中國的投資，同時便自毀其在中國的通商機會。如果日本能以聰明，和氣及政治家的態度與中國相處，無疑地，日本必可獲得廣大中國人民的尊重及近乎壟斷的貿易。然而日本此之不求，反而深種仇恨及不信任的種子於中國人民心中。至於其他結果則有待於時日的顯示了。』

中國的和平條件

記者嘗又詢及蔣委員長，目前在何種條件下，中國方能停戰。

委員長答謂，『這個問題，祇有在日本決心改變他反對中國及全世界的態度時，方能回答。中國是必須保障她的主權，及其行政領土的完整。』

記者嘗再問，在任何環境下，不宣而戰，是否有利於日本；又日本與另一西方强國開戰是否不可避免。

委員長答謂，『列强是否甘心聽日本蹂躪中國，更而據有中國，我不能回答；中國現在以簡陋的武器所從事的戰爭，不僅是中國自己的戰爭，而應是一切委託其生命於條約的神聖和不可侵犯的國家的戰爭，尤其應是那般在中國有廣大商業利益，而目下利益正在被破壞，代表正在被驅逐的國家的戰爭。

『假使日本戰勝而佔有中國，則外國貿易所受之影響當不難逆料，而政治上之影響亦不難先覩。自九一八以來，國際觀點已有顯著之變遷，故目下余不能預測任何國家將取或不取之行動，但余堅信，假若日本繼續侵略中國，中國絕不會失敗。中國將不計成敗，抵抗到底。』

列强應有的態度

記者又詢問在上海目前情勢下，各國之態度或行動。

委員長答謂，『在上海目前的情勢下，各國最近將來及較遠將來的行動是極爲明顯的。但制裁的問題則有待於參加九國公約，凱洛格非戰公約，及組織國聯會的國家了。

『無疑地，以行動阻止對中國的蹂躪及恢復合法貿易的進行，實應由某某肩負起此項責任。海口的破壞於任何國家無益，而中國的海口正爲侵略者所破壞。』（譯自"North-China Daily News"）

蔣夫人表示中國絕不畏苦難

——對大美晚報記者的談話

大美晚報記者昨日晉謁蔣夫人，深詢在現刻緊急時局下，中國方面之意見，承蔣夫人見答如下：

『因爲中國民衆，致力於在和平中求生存，並力圖將革命後的混亂局面歸於統一和進步；於是狂暴的日本便利用每一個可能機會，進行屠殺中國民衆。』

日本不甘心中國統一

『這一次日本軍人在上海所施行的，震驚全世界的破壞和屠殺，是日本軍人侵略中國在各地的暴行的例證。昨晚和前幾晚，我在南京從月夜中目覩日機投彈轟炸，各處共投了卅四枚。來到上海前線又看見，上空則充滿着窮兇極惡的殺氣，地上則火焰騰騰，血流成渠，殘屋覆地』。夫人繼謂，『日本甚至不准許中國民衆過他們應享受的最低的生活，他尤其不甘心中國完成統一，或在經濟上建立穩固的組織。中國的進步，在日本視之，不僅是可咀咒的事，他甚至偶一想到，便立刻憤怒而至於瘋狂。

『日本昭告世界說，他僅欲在中國達到經濟提攜；但他所謂的提攜，則是指的經濟統治。於是他便想用所謂「自衛行動」或中國破壞條約（他所指的條約，或是硬指其存在，或是威脅地方當局訂立的）的藉口，來達到這個目的。他可以採取任何手段，威脅中國承認他所武裝佔領的地帶，他要我們國家完全做他的奴隸。

『中國現在在自己的領土上爲了保衞祖國和光榮而抗戰了，這正是每個自尊的國家應有的權利和應有的行動。中國並無所畏懼；日本也許是一個善戰者，但中國已下了決心，要爲他的人民和主權而抗戰到底。

和平和昌盛應爲世界共有

『在過去，中國是隱忍得太多了。他忍受着最高度的痛苦和恥辱，以至東三省的被强奪，而引起了世界全般的驚異。以上種種，僅僅是因爲中國爲使她的國家恢復秩序和統一而已；和平和昌盛是應該爲全世界所共有的。

『然而中國在這方面的驚人的成功，却使日本軍人大爲難過。他們知道中國的統一是他們夙夜憧憬的，以中國爲犧牲而建立一個大陸帝國，從而威脅全世界的野心的當頭棒。因此他們便向中國發動了戰爭，因爲他們認爲時機壓迫，再遲便無濟了。

『日本所昭告的，是中國破壞條約，因此必須武力懲戒。這種藉口的虛妄程度，正和她爲逞其私慾，而任意破壞任何國際條約的情形是一樣的。同時她又以可恥的努力去使那般樂於這樣相信的人，相信她是在撲滅共產主義；這種說辭當然絕非事實。這不過是日本驚震於中國民衆的決心抗戰，她難以獨力應付，想借此引誘某某數國，助其擊破中國而完成其私慾而已。

中國有極清楚的認識

『我可以再說一句；中國或將遭受苦難，但是中國絕不畏懼。因爲中國深知日本現在所爲一切，是同時違反着上帝和自然的規律。卽使實際政治上已無所謂公理，堂堂條約的簽字者對於傷害於無辜的弱者的戰爭，能默然無視不加反對和制裁，然而對於那個現在正在這個大地上大施殺戮和破壞的罪人的懲罰，終竟必然在一個時候是要到來的。

『對於目前世界各國所有的條約尊嚴的可驚犧牲，我不欲有所批評。但我可說一句，如果這種情形能讓其下去，則無論那一國以後還要簽訂條約，而希望有法可制止侵略國的破壞，便是天下的大愚。

『最後我可爲美國人民告者；中國現已決意盡其全力，以拯救自國並永維中華的光榮。中國已準備，在無論怎樣悠長的時期中，忍受最難堪的苦難，以爭取領土主權的完整和民族解放之最後勝利。中國深知需要忍受極鉅大的犧牲 但她必爲自己的解放而奮鬥到底。對於來日大難的如何慘酷 ，中國有極清楚的認識 ，但她無所畏懼的』。（譯自"The Shanghai Evening Post & Mercury"）

上海抗戰一月

自八月九日，日方籍口大山等二日官兵，在虹橋飛機場被殺，增兵威脅，迭經我方交涉，日方毫無具體答覆，一面仍繼續增兵上陸。十二日，晚十時左右，日方軍隊更紛紛出動，並有多數日軍間諜，混入我交通要道，及公共場所刺探消息，我方爲自衛計，亦作相當之準備。上海情形，至此已達極度緊張。十三晨二時，日軍步哨及便衣隊，即開始在閘北橫浜橋以東及青雲橋活動，三時許，開鎗挑釁，但我軍未予還擊。至九時五十分，日陸戰隊約七八十人自北四川路日本小學開出，全副武裝，經由虬江路口橫浜橋，以輕機關槍向我軍掃射，圖越淞滬鐵路，衝往寶山路。我駐防軍及保安隊當予猛烈還擊，約歷十餘分鐘，日軍不支而退。十時以後，漸入平靜狀態，雙方各守原防。至下午四時，日軍又以大隊，二次向我八字橋及江灣路陣地進犯，用鋼砲向我猛擊，我方亦予反擊。同時寶山路，天通庵路等處，亦發生接觸，戰線頗長，一時槍炮聲及大炮聲大作。迨至五時許，日軍又以燒夷彈，向我猛擊，致閘北若干房屋均被燃燒。五時半時我軍於敵密集炮火下奮勇衝鋒，敵不支潰退，我軍即進駐八字橋。至九時五十分，戰事一度停止，僅見閘北火光冲天，至十二時始稍弱。

戰事發生後，俞市長即曾向日領岡本提出嚴重抗議。但岡本無具體答覆。當時，我中央政府爲自衛起見，即任張治中爲京滬警備司令，並令京、滬滬杭兩鐵路沿線各市縣及鄞縣，鎮海等處宣佈戒嚴。此外又將長江鎮江下游江面，予以封鎖，所有該段江面，一律停止航行。十四日，外交部又代表國民政府發表聲明書，略謂我國為維護領土主權之完整及條約之尊嚴，惟有實行天賦之自衛權，但日本如能制止一切侵略行動，則仍當本和平素志挽救危局。

我軍反守為攻

十三日晚十二時後，衝突再起。至十四日晨二時三十分起，我軍即自八字橋、青雲路一帶反守為攻，集中炮火，向天通庵日海軍陸戰隊司令部及灘屋造酒廠進逼。十四日，我空軍奉命正式應戰，一面轟炸敵軍陣地及浦江中敵旗艦「出雲」號和其它各艦，一面掩護我前線部隊衝鋒進攻。敵在我陸空軍猛烈掃蕩下，受創甚鉅。是日戰爭直至十五日午始稍停，歷時計二十餘小時。敵我兩軍浴血衝鋒，達十餘次之多。敵在江灣路及楊樹浦前後方陣地，悉為我軍包圍。同時在東寶興路以南，淞滬車站以北，鐵路線以東之敵軍，亦被我壓迫退入租界區域。下午一時後，戰事稍趨和緩，槍炮之聲雖陸續可聞，但不甚激烈，傍晚以後，至十六日晨四時間更轉沉寂。

敵軍既受鉅創，遂向東京乞援，十四日援軍久留米師團開到，敵遂於十六日晨起

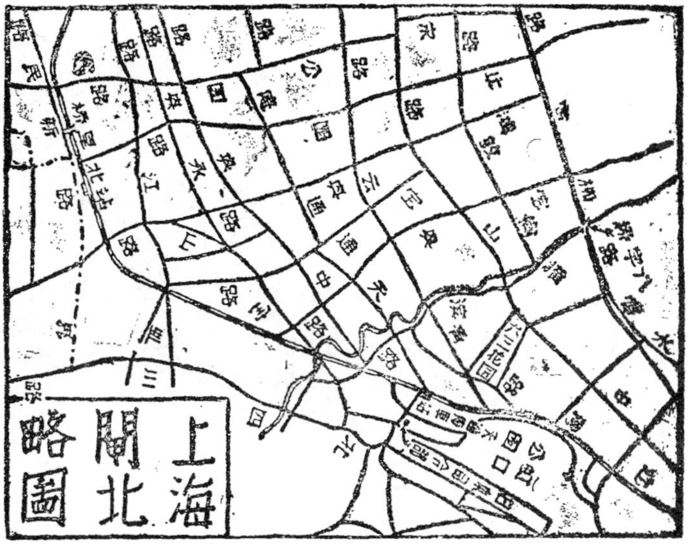
上海閘北略圖

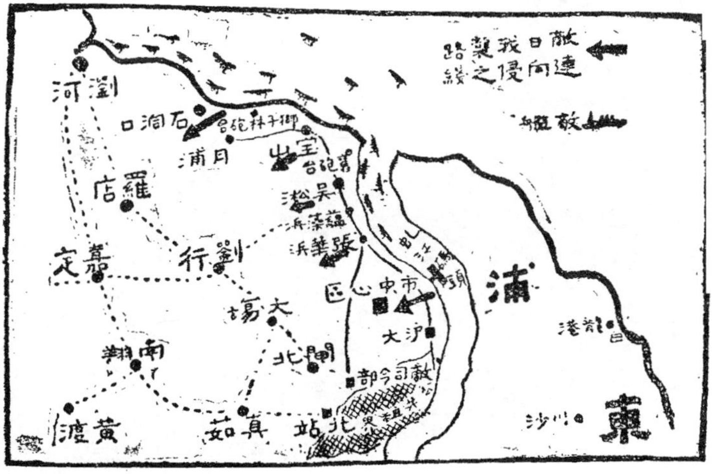
敵艦
瀏河
石洞口
月浦
寶山
吳淞
羅店
蘊藻浜
張華浜
劉行
嘉定
市中心區
大場
閘北
南翔
真如
黃渡
北站
浦東

我軍在北站前線向敵軍瞄準

敵軍根據地三井煤棧被我轟炸大火

敵軍司令部外觀右角牆壁係我重炮射中之處可見其堅不能破

我軍巷戰襲敵

集合海陸空軍，向我各處陣地，全力進犯。但我方早有準備，空陸兩軍，同時出動，予以痛擊，敵仍不得逞，受創甚鉅，狼狽而退。且將寶樂安路及公大紗廠兩司令部放棄。我軍乘勝前進，佔據虹口公園，敵軍陣線，遂益陷絕境。同時，我空軍在吳淞口外炸燬敵潛水艦一隻，日警察署及郵船會社，均被我投彈命中，且波及日領館，死傷敵方軍民甚重，停泊浦江中日領館前指揮敵軍作戰之旗艦出雲號亦於十六日晚，被我軍用新式爆炸器炸傷。

我三面向敵包圍

我軍戰略，爲分東北中三路向北四川路之敵司令部採取包圍形勢。十六日夜，我中路主力軍即自青雲路陣地，會同北路江灣路一帶，及東路狄思威路一帶部隊，包抄而進，炮火異常猛烈，直逼敵壘。血戰數小時後，敵重創不支，遂向北四川路潰退。時我軍前方部隊已逼追敵司令部，相距僅二百米達。我軍仍繼續前進，企圖傾覆敵巢，但卒因敵巢四週裝有電流，四圍牆壁又係鋼版，橡皮，及水泥築成，堅固異常，故未能一鼓而下。十七日，我軍又佔領虹鎮以南范家宅附近之敵海軍操場。該場扼軍事要衝，自敵放棄公大紗廠及寶安路兩司令部後，實已爲敵全軍之中樞，且可掩護兩翼。該場爲我佔領後，敵陣線愈益薄弱。

當時敵軍的力量，集中於楊樹浦到虹口一帶，作戰的主力並不是那些陸戰隊，而是江面軍艦上的重炮。但在出雲旗艦被我打傷後，暫時需要修理，故又出動大隊飛機轟炸，以助艦隊重炮的威力。

陸上之戰既已成爲陣地戰的局面，敵軍便採取兩種戰略企圖加以破潰：一是用飛機襲擊我虹橋飛機場，用重炮轟擊我浦地陣地，以阻止包圍；另一方面則抽調一部分軍艦，襲擊長江沿岸的楊林口，瀏河口及川沙口企圖登陸以打擊我軍後背，但終未得逞。

十七十八以後的幾天中，敵機在上空頗爲活躍，曾襲擊我閘北，南市浦東等處陣地，特別注意於虹橋及龍華飛機場。在上海以外，敵機更沿着滬杭及京滬兩鐵路，轟炸我交通線及京杭安徽廣德，江西南昌等處的飛機場。惟敵人未能在上海建立飛機場，僅能以停泊在吳淞口外的航空母艦作爲根據地，有一部分重爆擊機，甚至是從遠在八百哩外的台北空軍根據地飛來的，這樣長途遠襲，收到的結果當然是很微薄的。因此對我軍事，並無大損。

敵軍陣線爲我破裂

當時陸上敵軍之陣地，祇有江灣路司令部一帶比較堅固，楊樹浦一帶之陣地則漫長而薄弱。其整個陣地原分三段：楊樹浦底爲左翼，由江灣及引翔鄉而達滙山區爲中堅，司令部及北四川路一帶爲右翼。從江灣區達楊樹浦區爲一直線，中間滙山區向外凸出，恰成爲一曲尺形；我軍陣線東起黃浦江邊虬江碼頭之北，沿軍工路，往馬寶山路折至日海軍操場之北而達其美路，再沿中路陣地，經翔殷路，水電路，穿過淞滬鐵路達八字橋，再貫通寶山路以進北站，適成一條凹進的弧形線，將敵軍緊緊圍着。當時我軍因敵利用租界作戰，便利甚多，乃變更戰略，從中路猛烈推進，戰事乃入最激烈時期。二十二日晨，我軍便直入其美路、嘉興路、華德路、進佔滙山碼頭，將楊樹浦區及虹口區之日軍，截爲兩段，爲滬戰以來第一次最大勝利。同時我軍又用重炮及飛機，集中向百老滙路，黃浦江岸一帶轟擊，一時火焰冲天，敵方後交通線益陷混亂。敵利用租界建築物作掩護之優勢，自此乃失效用。此後我中路軍再向虹橋一帶推進，以租界爲根據之敵，便成爲甕中之鼈，隨時有被我消滅可能。

自我軍中路突破計劃成功以後，敵軍只能憑籍其堅固的司令部苟延殘喘，在戰爭上已顯然無能爲力。因此敵軍便企圖襲「一二八」故技，改變戰略使戰爭外擴，從吳淞附近登陸，以壓迫我軍之背。由第三艦隊司令長谷川電向東京乞援，先後由松井石根統率兩師團來滬。經數次攻擊，便於廿三日起，先後在吳淞，張華浜，蘊藻浜及寶山石洞等口登陸。

在我國一向沒有海防的情況下，要完全阻止敵軍登陸是很困難的。尤其是敵艦可以在海岸附近濫施炮擊，我損失較大，所以敵軍的登陸，對於我並不能完全說是損失。敵軍登陸後，陸上陣地的爭奪戰，從廿五六日起便演得最爲激烈，敵旅團長倉永亦於此時爲我擊斃。當時我對登陸敵軍係採取分別包圍的戰略，敵則欲突破隔絕集中進犯。

從九月三日起的以後三天，戰爭極爲劇烈。當然我軍的犧牲並不小，但敵人的損失則更重大：吳淞一役，敵軍死傷達三千人，在沿江其他各處共傷亡八千餘人，因此敵又向東京三次請援。

當時登陸敵軍有三個部分：吳淞炮台，蘊藻浜及張華浜是一部分；由小川沙口，石洞口到羅店是一部分；劉河是一部分；但上列三處均在我分別包圍中，我軍陣地則堅守寶山，獅子林炮台及月浦一帶，成一楔形陣地。因此敵便欲襲寶山，獅子林炮台及月浦等地，來打破這個隔絕。

滬戰最偉大壯烈的一幕

敵軍自五日起，便集中海陸空軍砲火，向我寶山縣城進犯，我城駐軍一營，咸抱與城偕亡之决心忠勇抗戰，相持至二日之久，初以內外失却聯絡後援告絕，卒以敵軍源源增援，破城而入，我守城將士滬營長姚子青以下，全部殉難，於七日與城偕亡。惟我軍抗戰之激烈與犧牲之悲壯，實爲滬戰開始以來最偉大之一幕，亦且我民族解放戰爭上最光榮之一頁。八日晚，上海西報大美向世界廣播謂：「此次姚營全部殉城，其偉大壯烈，實令人內心震動而肅然起敬，此非僅爲中國人之光榮，亦爲全人類之光榮。其事蹟將永垂史蹟而不朽。」據由該城負傷歸來之士兵報告抗戰之經過云：寶山城懸立海濱，防守甚難，惟敵軍爲溝通其沿海陣地，必出全力以爭，五日起敵集中軍艦卅艘，分列淞口，以排砲猛烈轟擊，並以戰車及飛機，掩護步兵衝鋒，我守城將士計一營，憑城抗守，頻以機關槍及手溜彈等密集還擊，敵屢進屢退　損傷甚鉅。旋敵分數路猛攻，城外陣地失陷致被包圍。我全城守軍，均以身許國，雖在危城之中，仍沉着應戰。時城牆被敵炮擊破多處，我隨時填補佈防，已感不及，敵兵乘機而至，但我軍絕不示弱，瞄準射擊，輒將敵擊退。以彈丸之地，一營之力，竟相持達二晝夜。卒以敵源源增加，敵我人數懸殊，致被衝入，發生巷戰，至七日我彈盡人絕，遂告陷落。我全營犧牲，負傷脫險者僅二三人，而敵亦傷亡奇重。

我軍陣線鞏固

另一方面敵又藉軍艦一護企圖在虬江碼頭登陸，目的在使楊樹浦與張華浜兩處敵軍取得連絡，由此可把許多重火器從楊樹浦運到吳淞，再轉而打通羅店由羅店，向嘉定進攻，完成對我軍的包圍形勢。同時敵又以江面重砲及飛機掩護圖在浦東登陸，以破壞我迭次重創敵軍之砲兵陣地，再進窺滬杭路，完成其對我之大包圍形勢。前在戰事外擴後，上海內線已久不聞砲聲，雖有小戰亦不過敵之探測作用，一經我軍回擊，便即退却；但自八九日來，上海內線之戰事又趨激烈。惟亦經我先後擊退，虬江碼頭敵受傷最重，浦江砲戰，敵之軍艦時有擊傷。敵十日宣佈總攻，各線戰爭雖烈，但亦毫無進展。寶山之敵，現亦為我包圍。滬戰至今已近一月，敵二易主將，增兵至約十萬，增艦八十餘艘，憑籍外國軍艦之掩護，依賴租界及鞏固建築物，使用廿口徑之重砲，及大隊飛機和各種精良火器，向我進攻；但除被我屢次重創外，我軍陣線仍迄然不動。而我軍忠勇壯烈之精神，現已博得世界全般的驚異和敬崇，鑄成了全國上下從未有之團結精神。而敵之兇暴殘忍，則已爲人類所共棄；其所自詡之皇軍威力，除善於用慘無人道之手段，謀殺手無寸鐵之難民外，其虛弱情形，亦已於此次滬戰中暴露無餘。

今後戰爭的演進，雖不能預測；但以目前形勢看來，吳淞一帶的陣地爭奪戰，必爲其重心。敵國矛盾甚多，危機重重，故急欲『速戰速決』，而我國則當以『持久戰』以擊其短。所以今後淞地之爭奪戰，在我仍非戰爭的重心，重心則在『持久戰』。因此我們民衆，對於戰爭的演變，絕不能以過度情緒處之，我們當以所有之財力物力獻之國家，以全國一切力量支持政府作持久的戰爭。抗戰到底，最後勝利必然是我們的的。

黃梅興將軍壯烈殉國

——孫元良將軍傷感追述

死！爲國家而死是光榮的！

可是八十八師二十六旅旅長黃梅興的死，不死在和敵人的搏鬥中，却死在打退敵人，完成了一段勝利以後，怎能不叫我們悲痛悼惜！

「黃旅長是八十八師的一員虎將」這是八十八師孫元良氏親口感傷地對記者說的話。眞的，我們不需找別者旁證，「一二八」的時候，黃旅長還是八十八師的團長，兼任副旅長，廟行之戰，每次他總是站在士兵者前面，有誰比他更勇敢呢？士兵們一看到黃氏健強的體格，他們就會肅然地起一種敬愛之感。有好幾次，都因黃氏的那嘹亮的喊殺聲，使士兵重振起疲乏精神，把敵人打得紛散。

這次重來上海，據士兵們談，他的歡喜情緒，是更達頂點了，他的年齡，雖已有四十一歲，但興奮的時候，却依舊跟年青人一樣，他拍着弟兄們的肩膀：

弟兄們，讓我們高興起來，我們要爲「一二八」時殉國的許多弟兄復仇，不要留情，我們要把敵人殺一個痛快！」

十四日殉國的早上，他還與高彩烈的去謁見孫師長，請示機宜。那時有人告訴他，駐紮在愛國女校的敵人很多，進攻時得仔細一點。但他的回答，却像鉄一般堅硬，直使告訴他的人感到羞慚。他說：「別怕，我們有的是鋼鐵一般的爲保衛祖國而死的决心，敵人雖多，但他們是爲日本少數黷武的軍閥而戰，他們的心，是不會像我們這麼堅的。」

當天的中午，他就親自帶領了約一連左右的弟兄，浩浩蕩蕩的殺向了愛國女校，自然，敵人是不會束手就縛的，於是雙方便開始了猛烈的搏鬥。

敵人的大砲，儘管密集地向我軍陣線進攻，可是子彈阻止不了弟兄們殺敵的决心，在我方砲火的還擊中，不一刻，我們的弟兄就衝破了敵人的陣線，把愛國女校像桶箍般圍了起來，敵人的大砲，旣失了効用，接着他們就實行用機關槍向我們掃射了，這一剎，我們的弟兄，可眞死傷了不少，所有弟兄，迫於敵人居高臨下的猛射的砲火射擊，暫時就只有停止了向前，一齊伏倒了地上。

時間一刻一刻的過去，敵人無限止的大砲還是在弟兄們的頭上呼呼怪叫着，弟兄們就漸漸不耐起來了，這當兒，在東角上，突然有嘹曉的聲音響了過來！

「衝呀，弟兄們，敵人已在開始向西逃跑了！」弟兄們很熱知，這是黃旅長的聲音，接着他們又聽見黃旅長拍的放了一槍，首先站了起來，於是所有的弟兄們便都同時怒吼了起來：

「殺呀！」聲音宏大得很有似一個巨潮，立刻透過原野，響澈了天空。

敵人開始發抖了，機槍的掃射，比先前更厲害了十倍，弟兄們有一個倒地，便有一個繼上，這樣，很快，很快，就衝近了愛國女校的校門，敵人畏縮成了一團無用的猪玀，都棄着器械沒命地各自奔跑了。

三分鐘以後，我軍就完全克服了愛國女校，敵人的屍首，到處堆得像高墩，我們的弟兄，却個個笑開了嘴：

「萬歲！中華民國萬歲！」

然而，不幸便在這一刻降臨到了我們黃旅長的身上，他用了非常愉悅的聲調，拿起軍用電話向師部報告：

「我軍現在已完全佔領了愛國女校了」

可是，正當他放下聽筒，想轉身對弟兄們致愉快的話詞時，蓬，從遙遠的敵方飛來了一個大砲，我們的黃旅長，便這樣壯烈地犧牲了！（大晚報）

蘊藻浜華兵智殲日軍

大美晚報的打樣友人，近參加工人戰地服務團，今由吳淞前線歸來，當其進門時，本館工友都興奮地向他高呼：「歡迎回來了」！

「不怕，不柏，」他很驕傲地告訴他的同伴們說，「中國兵很有把握，日本人絕對無機可乘。」

他曾目覩過星期五夜在蘊藻浜，中國兵以三百人擊退日兵五六百精銳部隊的血戰。他說「要不是敵人用飛機助戰，我們更可不損失一個人。敵人忿怒共支隊爲中國軍隊殲滅，爲爭面子，便出動飛機，約擲下炸彈十枚，但祇有一枚命中。我軍因以死傷約百餘人，」

這位英雄在前線爲中國軍隊裝置電話，及作其它雜務；他完全出於義勇，不以生命爲度，亦不要任何報酬。「我有什麽顧慮？」他說，「我們抵抗日本，救我們國家」。

那個不能忘記的星期五，正當漆里的夜晚，這個工友說，華軍陣地距離日軍陣地，僅祇三分之一哩，中間隔着淞滬鐵路。

「約在八時三十分左右，」他繼續說，「我們的前哨報告說，敵兵在開始進攻。」我軍指揮便傳令急退，我軍三百人便退走約一哩路，最後伏於一個有掩蔽的戰壕里，靜待敵兵前來。」

「向前近來的敵兵，據報告說有一百二十人左右。當其前進距我軍陣地約八百碼時，便中止待援。繼而援兵到來，敵軍總數增爲五六百人。當他們繼續前進至某一點時，便觸着我軍埋伏的地雷，一聲轟炸後，兵敵乃大爲混亂。於是我軍卽乘勢開槍轟擊，不正一小時，敵便全軍覆沒。

「中國軍隊作戰，毫無興奮和緊張的情形。僅以來福槍，機關槍和毛瑟槍沉着應戰。他們是久經戰場的鬥士。

「約半小時後，又有敵兵一隊趕到，數約百人左右。雙方約轟擊兩小時之久，敵終不支潰退委棄死屍多人。於是中國軍隊乃回至鐵路西側之原駐陣地。」(譯自“The Shanghai Fvening Post& Mereury)”

抱屍而進

當我軍猛攻敵軍重要根據地某機關時，浴血奮鬭，壯烈實爲空前所未有。某機關銅牆鐵壁，數年前就經營的了，小鋼砲，機關槍，密密的排列，雖然我軍奮不顧身，冒死衝鋒，終不能前進，然而我軍誓必佔領這個地方。

那一天，我軍又猛力的進攻了。衝鋒向前的當兒，我們忠勇之士，早已置生死於度外。無如敵軍的機關鎗，蜜如雨霰，我們怎能以血肉之軀，與之相抗，但是我們不怕犧牲，冒着鎗林彈雨，奪取我們的機關鎗。這就叫做「肉搏」。可是第一排的軍士，剛衝上前去，被敵方的機關槍，都打倒了，

前仆則後繼，第一排打倒了，第二排再奮勇的上去，其時某連長正在指揮作戰，他想第一排打倒了，第二排上去，也是徒然犧牲。但是形勢是不能退的。

「向前衝！」他大聲喊道：「各人抱一個死屍，滾地而進！」

原來第二排衝鋒的人數，與第一排相等，於是就地抱一個死友的屍身，從地面上滾敵軍陣地去。敵人望過去，忽然見衝鋒者一個人變了兩個人，方錯愕間，而手溜彈

已打到開機關的鎗手身上，鎗手仆地，而我們衝鋒的勇士，奪得機關鎗，掉轉身來，便打敵人。我軍立刻就佔領這個重要的機關。

因爲抱了一個屍身彷彿以屍爲盾，而上身就不至於受傷。滾進的時候，身體矯健、使機鎗標的不準，然而謂勇矣。

這是與此衝鋒之役的，一個傷在脚上傷兵說的，他說：

「要是不抱了死友的屍身前進，也與死友一同犧牲了。抱死友以殺活敵，留得此身再以報國。」（天笑——立報）

中國士兵的忠勇精神

在緊急的時候，爲了國家民族不惜犧牲一已，這是所有中國兵士的精神。在今天大美晚報記者和八十八師的幾個傷兵的談話中，更證明了這一點。

那些受傷不很重，還不需要送到大醫院里去的兵士，都安放在臨時病房里。大家都顯得很愉快的樣子，而且都熱望能再上前綫去作戰。對於領袖都表示絕對的忠誠，相信着最後的勝必然是他們的。

甚至那些折腿了相打傷頭腦的，也一點沒有痛苦的表示。在記者和他們談時，微笑還一時在他們臉上出現。他們之中有許多是經過許多次內戰的；但他們說他們從來沒有像這次這樣具有過決心。

「我從十五歲起就當兵，到現在已經十八年了；從來沒有受過重傷，這回我也滿不在乎，我願意把生命供獻給國家。」一個祇有三十三歲的老兵說。他是湖南人，曾在賀耀祖將軍領導下上過許多次戰場，他是禮拜二那天在日本兵營附近一場大戰中受傷的一個。他是信號隊的隊員，作信號是最危險的工作。他說他曾多次走入險境而僅以身免。

日本兵不足畏

他追述禮拜二的夜里，他們在愛國女校附近，離天通庵車站不遠，日本兵突然衝來。他們幾百人嚴守着陣地，並向前慢慢推進。在日軍潰退中，他們已推進至距離日本兵營約三個中國里的地方，他突然在那時受了傷。他爬到近旁的小浜去。

「浜里盡是中日兩軍的死屍，我們退回原防時，我趕緊叫喊、兩個兄弟把我救了出來，」他說：「我並不覺得我腿的疼，直到在地下室中受第一次手術後才慢慢痛得很利害。

「日本兵並不像人們所說的那樣，雖然我們吃了他們砲火的虧，可是他們，總是叫我們給趕進他們兵營去。他們的兵營確實防備得很堅固」。他說直到他受傷時為止，這四天來血戰的結果，中國軍隊在閘北和江灣的戰線的確有了很大的進展。

希望再上前線去

「我問他在這樣的血戰下，他怕不怕；他笑嬉嬉地回答：「我一點都不害怕，戰爭未開始以前我有點焦急不安，打起來不後，我覺得十分安心了。」他接着說，現在他正在等着痊癒。好再上前線去。

「我們的民衆正在各方面援助我們，我們相信最後勝利是我們的。」躺在這個老兵旁邊的幾個兵士這樣說。他們似乎有點疲憊無力的樣子，可是民衆們送來的慰勞品，水果，餅乾，香烟按時分給他們的時候，他們又顯得很愉快了。他們都急欲看到消息最後的報紙。（譯自"Evepot"）

中國的少年英雄

在這次上海戰爭中，中國許多人都表現了他們眞正的價值。烽火和混亂掃蕩了這個大城市，難民的救濟，糧食的調劑和其它許多問題，正使上海的當局忙於應付；而這時許多急於公義的人，正以他們的努力爲社會人類盡最大的服務。這種義烈壯勇的事情，在最近幾天中，我們已經所聞甚多。但是還有一部分人，他們可佩的樸實的英雄精神，却不能說是已經爲人們充分認識。

可佩的少年英雄

自此次中日戰爭一發生後，一千五百左右的青年便立即動員，爲其祖國服務。這羣少年，就是曾爲他們祖國盡過無數次寶貴職務的中國童子軍。他們的年紀不過十六歲左右，自戰爭一開始，他們便把全部的時間和精力貢獻給祖國。

他們的工作常有是出入在可怕的轟炸區域中作的。在那些被可怕的轟炸過的地方，首先就可看見他們。他們以少年人的堅强意志，在那種許多大年紀的人都會怯懦的情景下進行工作。每一次羣衆被轟炸的慘案發生時，總有他們在那里。無論死了的人或即死的人，祇要他們看見，必要加以救護；從這點，我們可想像到他們熱烈高張的愛人感情。同時我們還不要忘記，他們都是年紀幼小的少年。

義務工作

他們的愛國情，非常高張，似乎是再沒有甚於此的。他們中的三分之一在醫院中盡義務，每天工作十二小時。他們的工作和他們其他兄弟們的工作，是同樣的吃重。因爲事實上的需要，他們是睡在所服務的地方，但是吃飯則仍歸他們自己。童子軍團所得到的錢，則完全用之於其它的需要。富人們有所捐贈，他們都用之於慈善事業。卽是他們的制服，也是自己製備的。他們確是「涓滴歸公」，自己不受一文。

童子軍團的組織

童子軍團所作的工作，可證明其組織的完善。在總隊長徐君領導下，團部內共分五部：訓練、組織、供應、宣傳、交際。訓練的工作，在訓練所有新加入的人（每天總有很多人加入）。組織部由總隊長，及兩個副隊長，兩個秘書和一個助理祕書組成掌管全團計劃。供應工作在爲難民尋找食物，甚或住所，以及取得當時工作需要的其它種種物品。宣傳工作爲勸募，向中國人民宣傳童子軍的組織，而大半是在獲得物質的援助。交際部的工作爲給醫難供給工作人員，及執行種種與外界交涉的事務。

童子軍總團部現設於愛文義路海風女子學校內，但其團員則佈散全市。他們共有摩托車四架，汽車二輛，和腳踏車百架左右，作交通之用。還有載重車和汽車，則是其它慈善團體捐用的。所有作救護工作的中國團體，隨時都可請他們幫忙；童子軍團也曾通知過公共租界和法租界的當局，若有需要他們很願意幫忙。

市民得助於童子軍

上海羣衆在憤怒的情緒下，街頭上一聲喊「打漢奸」！常有些人會無辜被波及；幸運能得到童子軍的援助，始得免於侮辱和毒打。有些店家趁火打刼，把重要的食物價格抬高，因此常引起羣衆的憤怒圍打商店。童子軍知道，就是這樣的人也有權要求審判。所以有許多店家，得在羣衆脚拳交下被救出，送與主管官廳。

無數流離失所的難民能得有路歸還鄉里，必得感謝童子軍的。因爲童子軍設法捐來很多錢把他們運送到安全地帶。有些家庭，因戰爭而流散，多得童子軍的幫助又得團聚。童子軍又爲前綫挨戶徵集援助，並担任沿前線一帶種種其它工作。

中國第一個新殉道者

童子也很望到前綫去服務，不過他們軍事訓練尙不足担任此項工作。「一二八」戰爭時代的童子軍組織，他們曾給軍隊設置電話交通，裝置通話線。他們曾幫助修復蘇州城牆，及在他們的監工下，建築了一條從崐山到蘇州長二十哩的公路。當軍隊須要調動時，他們便前來作他們能作的事。在必須的時候，他們便拿起槍來同軍隊一道作戰。現在的童子軍希望再作這所有的事。

所有災害存在的地方，這般少年英雄都在那裏工作。當他們在虞洽路和愛多亞路角上救助難民時，他們的一個兄弟作了大世界前面慘劇的犧牲者。

這個可敬佩的中國少年，他是中國第一個新殉道者！（譯自Post. & Merrury”）

中國肅清間牒漢奸

中國現在正以最大憤怒，和在華間牒網鬥爭——這個組織周密，內容膨雜的間牒網，中國人指爲是日人過去幾年在中國樹立的。

爲日人工作的中國間諜，已經幾十歲十的在逮捕和處死了。其它許多正在審訊。尙有其它的，也在繼續偵察。中國反間諜的鬥爭，正和反對日本武力侵略的鬥爭一樣尖銳和激烈。

黃濬間諜機關的破獲

對於間諜所供洩露祕密於敵人的事件，以及中國反間諜組織活動的情形，中國官方絕不向外露佈。在這種情形下我們得到的一點情報，雖然很少，但已可證明它的聳人聽聞，驚心動魄了。

上星期三，在南京槍斃了十八個人，他們的被捕，審訊和處死，可說是日本在中國所苦心經營的間諜機關，被肅淸了一個。而這個間諜組織，比之去年正月在鄭州被中國官廳所破獲的，是更其重要。因爲該組織的頭腦，正是中國行政院的祕書黃濬；據說黃濬還不是普通祕書，而是機要祕書；他所按近的機要事件，當然於日本有絕大價值。

據公報所指黃濬的罪狀是：爲某國人所收買（據本地人士說，這個日人是在外交界服務的，現供職於美國，）以所管祕密文件供敵使用，在某日人回國後，由其介紹另一日人黃濬與繼續同樣工作。黃濬的兒子亦同時處死，據說這個年紀廿六歲的青年，在他父親指使下，利用其所處地位（其處何種地位未公佈），將所得祕密供給日人。

另一人，謂說曾以廣告公司經理的地位作掩護，從事間牒工作。深入軍隊的防區，軍事練機關和要塞地帶，爲日人偵察及拍照。還有一個是「新聞記者，」佩帶內政部已公佈遺失和作廢的徽章，進入要塞區域。

這次處死的，還有一個是南京一家飯店的茶房。其犯罪事實是，爲日人雇用歌女及女招待，以引誘更多的人作間牒，該機關中還有一個看相的，這次亦以出賣祖國罪被殺。

反間諜鬥爭在繼續進行着，而「抓漢奸」的工作，也在戰爭區域各處進行。「漢奸」是中國名辭，指一般爲日人工作的叛徒。此類漢奸，大半是無知的窮人，和有組織的間諜機關頗不一樣，他們所得的錢很少，普通每個月不過廿元到卅元，有時還有每月十六元的。他們的工作是，散佈在中國陣地的後方，探聽中國軍隊的陣地，集中地和砲兵陣地的位置，及探聽其它消息。

漢奸都是有他們自己的種種標記。或帶一種錢幣在袋裏，或在內衣上撇一節紅線，有的則以紋身來作標記。標記的方法，常有改變；常招到一羣新漢奸時，通常總是另定一種新標記。

漢奸也參加日軍的作戰工作。除了那些爲日軍雇用築防禦工事的，有的則深入華軍陣地的後方，爲日軍飛機和大砲作轟擊描準的標記。據說日軍得在羅店登陸，全要感謝漢奸，因爲漢奸給他們指出一條小路，使他們能偷過華軍防線進到羅店鎭，這次漢奸所得的報酬，據說是日軍進駐羅店鎭時，答應他們有搶刦該鎭的「自由」。

軍事飛機場破獲間諜

在離開戰爭區城很遠的城市，也一樣有間諜活動，南昌，大同和其它地方，已經處決過間諜。××地方發現的一件間諜案，其祕密頗駭人聽聞。

一個相貌相端正的青年，進到××軍事機關場的設計室作聽差，他很苦心學習，工作很有效力，並常常表示他要效法自修成功的人。每當航空測量員們繪製地圖時，他總是很有興趣地在旁邊看着，稱讚着測量員們的技術，並說希望在某一天地會成爲一個有學問的人。

某個下午，時已過辦公時間，某官長到室裏去取東西，發現那個聽差，正在那裏抄繪軍事機要地圖。那個軍長也不聲張，祇偷偷地尾隨着，他看着他回到家去。

第二天，當這個聽差來室工作時，某官長便肖肖地去搜查他的屋子。在屋里發現一張用隱形墨水寫的卡片，在床下發現一雙大後跟的漂亮鞋子。當把隱形墨水寫的卡片加以現形，把靴跟的螺旋弄開時，在卡片上發現有重要的情報，在中空的靴跟裏有重要的軍事地圖。該聽差被捕後，供出間諜活動的情形及總機關的地點，這個大間諜組織始加破獲。

杭州大間諜案

最近在杭州獲的大間諜案也驚人。被捕的還有某要人，其所領日人津貼爲每月一千五百元，該間諜機關的頭腦，是杭州一家飯館的主人，其破獲情形是這樣的，約一星期前，他叫一個小頭目（報酬爲每月卅元）到東南日報館去擲手溜彈；該處警察發覺時，並不立刻逮捕，祇偷偷地跟着他，直跟到他進旅館，這個間諜機關便被破獲了。搜出的一張發津貼單子，上面有許多人，而第一個就是某要人。

現在所有的人都處死了，據說要人則押送南京訊查。（譯自"The Shanghai Evening Post"）。

南京路慘炸目擊

正午十二時五十五分，我在新雅餐室門前和兩位朋友分別後，打算走到揚子飯店去拜訪一位纔從南京來的舊友，揚子飯店是在雲南路與漢口路之間的，所以我從人行道上向西走，預備從貴州路那裏彎過去，剛走了二三十步，突然聽到空中很迫促的飛機聲，我就在貴州路口站住了，仰首矚望，看見兩架巨型的轟炸機，好像被對手方面追趕得很驚慌似的直向黃浦江那一面逃避下去；從機身的顏色和逃遁的方向看來，其爲日軍的飛機是無疑的。漸見兩機向東降降，我也掉轉身體，彎到貴州路形去了，就在這時候，忽聞轟然一身，身體受到劇烈的震動，而位在貴州路口的一家洋貨店的橱窗玻璃，隨卽激碎在我的身旁。

轟炸聲是從東首來的，我的視線自然也移向東邊去了，首先，我看見先施公司門前的玻璃坍下一部份來，南京路與浙江路交叉點上的羣衆，慌亂地向四處奔逃，在奔逃的人羣中，就有流着殷紅的鮮血的人，接二連三地倒下來，接着我又發覺離開我身旁十多尺的貴州路轉角上，也撲倒了一位穿灰色佛蘭絨西裝的中年男子，因爲距離很近，我看出他的創傷是在靠近腰際的背部，茶杯大小的窟窿，紅得發紫的血不斷地從那裏湧出來，當他倒下的時候，他還用左手從上身口袋裏摸出一塊手帕來，反手過去撫護自己的傷口，這個動作衹做到一半，他的呼吸已經停止了，我正預代他發出求救的呼聲，另一個更慘的情狀奪取了我的視線；一個穿白衣黑褲的婦人，右臂雖被炸去，却還亂哭亂叫的向西奔跑，等到她聽見路旁的人說她炸斷手臂的時候，僅僅回首一顧，便不聲不響地倒了下來，這「回首一顧」的慘狀，眞使我不自覺的流下眼淚來了。

街道中，汽車和人力車都在運送着鮮血滿身的男女，其中有一輛人力車上，一位穿黑拷綢短衫褲的老年人，雙手撫着他被炸破的頭顱，狂瘋似的叫喊着，在他的兩膝間，還倒臥着一個不滿十歲的小孩子。

炸彈的力量極強。事後探捕拾得尺許的鉄塊數塊，上面沒有字跡，所有電車軌道，各公司鉄欄桿，電線，牆壁，都炸斷了，碎鉄塊竟深入馬路面的方木中間，被炸的人，屍體狼藉，血肉模糊，有的有身體無頭，有脚無手，大人，小孩一大堆，血不停的流入溝渠，當炸彈爆發時，有一隻人腿被炸到先施的四樓，再由樓上掉下來，五四號印捕背部與腿部被炸數洞，記者又親見在英華街口，有女繡鞋一隻，旁有人腦一塊。

在永安公司前，一個黃包車夫，蓬首垢面，正在找尋他的車子，問他爆炸時在那兒，他說耳已炸聾，那時正在先施公司右面，竟未被炸傷，可說是此次慘劇中惟一幸運人，可是車子却已不見了。

慘劇發生，先施永安兩側面及二三層樓貨物，混亂不堪，樓下化裝部香氣四溢。

有此不死的幸運者，雖受驚嚇，深深慶幸。永安對過有一烟紙店，老闆店夥，死裏逃生，有人拿錢向他們買紙煙，他們很大方的說：「拿去好了不要錢！」可見生命之重與金錢之不足惜了。（本文係併合數篇記載而成，故不錄來源，謹此聲明。）

自滬戰爆發後，敵機便四出轟炸，濫施屠殺。無辜同胞先後在南京路，南火車站及新洋涇等處被炸死傷數逾二千餘人。九月八日暴敵飛機又在松江車站，向我難民客車，下重磅炸彈多枚，當即炸燬客車五輛，死傷七百餘人。此種暴行實爲人類公理所難容，九日西報"The Evening Post"曾著論痛加斥責，可見暴敵已爲人類所共棄矣。該論略謂：「日本飛機轟炸南火車站時，每個公正觀察者均未能於該處發現一中國兵士；所有者祇數百可憐之難民，橫屍或待死於他們凄涼的行囊之側，當時我們會指其爲日軍的謀殺（Murder）。

「今者，由上海開出之難民客車，又在松江被轟炸，死傷數逾七百人。此種暴行，在英文字典中竟無一可形容之字，其蠻橫，竟令人幾難以置信；其已缺乏人類同情中的最低成份，致使全世界在震驚之下，默然無言。任何人祇覺能復何言而已。

「日本軍人若有所謂戰爭精神者，現已爲全世界所認識矣，即大規模向無辜平民毒施屠殺而已」。

兩幕滬戰寫實劇

「皇軍」的偉績

遠遠的大砲聲，飛機聲。

街頭，店舖的門窗緊急地閉着。

弄堂口，沒有人影和消息。

一會兒之後，一陣急促的脚步聲，從弄堂內出來。

日寇甲乙匆匆出，弄左有聲音，日寇急怯地退入。聲音過去，再小心地出來。打兩旁的店舖門板，沒有人的回響，兩寇往右方走。左方又有聲音，三五難民扶老攜小上。

遠遠！大砲亟響，小孩哇地大哭……

難婦　（急掩孩口）討死了！

難民　（一手提着包，急用扶老人的另一手提拳對小孩）哭！

老人　（無力地坐下）唉，你們快逃吧！

難婦　（過來扶他）公公！

小孩　媽！

（左方又有脚步聲）

難民　快，東洋兵來了！（扶老人，老人不肯起）

（大家着急）

老人　阿根，你帶着小兩寶快逃吧！我，唉，我……

難婦　公公！

青年　（從左面上來）你們……

難民　我們……

青年　你們要逃命，快！（指左方）快逃！

難民　我們是那面逃過來的……

青年　前面不能去！

難民　你？……

青年　別嚕囌，快！（指右面）我是好意！前面不能去，往後面逃，還來得及！

（大家正預備走）

（寇丙突然從弄堂內出）

（青年幫着扶難民老小，急往左方逃下）

一小官佐）

官佐　（指揮，看地圖，對寇戊）前面放啥，××步，站上崗位！（日寇戊提槍前去）

（沙袋堆好架機關槍）

（左方呻吟聲未絕，難民偷偷地朝後）

商人　謝謝你們，放我走吧！

官佐　哈哈……

（小商人左右顧，打算走）

（日寇甲見偷走的難民，急上去抓住，打・拉回）

（小商人駭，不敢走）

（官佐把地圖及工事看了看點頭表示好了）

寇甲　（指中國人）支那人，（做殺的姿勢）殺？

（寇佐搖頭，以手指酒杯，形作喝狀）

（寇甲點頭，入弄堂去）

（前面一陣槍聲）

（寇佐指揮預備放槍）

（寇兵等倉皇伏沙袋後，瞄機關槍）

（四個中國人也伏下，難民不時回頭看後面）

（寇丙急拔槍追下）

（槍聲兩響）

（寇丙拉難民及青年回，邊打邊拉近弄堂）

（難民往後看，日寇再打，拉入）

（左方呻吟聲）

（飛機聲）

（弄堂內日寇叱罵聲，鞭打聲）

（青年，難民及日寇丙掮沙袋自弄堂內出，放下，轉身急入）

（右方剛才走去的日寇甲乙拉一戴眼鏡的知識分子和小商人上，後者經過地下沙袋時跌一交，日寇驅入弄堂去）

（青年及難民等再掮沙袋出，日寇丙指揮壘在右方馬路上）

（知識份子和小商人極艱難地各掮沙袋出，日寇甲在後鞭打，知識份子放下沙袋時打落下眼鏡，俯下去找，再被打）

（日寇）與丁搬機關槍及子彈箱出，後隨日寇戊及

（前面槍聲停）

（日寇甲持一個藥水瓶，一隻小碗出來）

（日寇丙丁用槍把四個中國人分在兩邊）

（日寇甲倒藥水給小商人，小商人不接受）

寇甲　快快的喝下去！

商人　（接不敢喝，寇甲威逼他）什麼東西？

寇甲　快快的喝，仙丹，喝了長生不老的！

寇等　）笑）哈哈哈。

（寇佐入）

寇甲　（對青年及難民）你們，全喝這長生不老的仙丹！

商人　（輕聲就近問知識分子）什麼？

知識　（輕聲）硝強水！

商人　（駭極）硝強水；

（寇乙止制說話）

寇甲　（把碗拿給知識份子）你的先喝！（對方不接取）你的不喝？（還是不接受）眞的不喝！（還是不接受）馬鹿！（把硝強水潑在知識分子的臉上）

知識　（雙手掩面）强盜，禽獸，畜牲，你們是人類中間的……

（被寇乙打倒在地上）

知識　打倒日本帝國主義！

寇甲　（拔槍打死知識分子，對其餘的三個）誰不喝就死！（再倒，把碗放在地上，用槍對小商人）你的喝不喝？（小商人面無人色）你的喝不喝？（對難民，難民發抖）你的喝？（對青年；

（三人面面相覷，小商人拭淚）

寇丙　（指地上死屍）你們要學他一樣？

（難民拭淚）

寇丁　快快的喝還是死？快快的！

（寇等槍對三人，死寂的空氣中停一會兒）

（青年無言，走上前去拿起碗來）

寇等　好，好！（一齊鼓掌）

（小商人和難民呆若木鷄）

青年　（舉碗）中華民國萬歲！

（寇等一齊把槍對他）

青年　（喝）……

商人　（難民同）呀！……

青年　……（吐出所喝的一小口水，向前撲倒下去，潑了水，打碎碗，同時有意地把地上的瓶子也打翻了，撲在地上不動）

（寇乙踢，地上的不動，寇等交換獰惡的笑，指難民及小商人）

（寇甲點頭做自己入弄堂的姿勢）

（寇等點頭）

（寇甲入弄堂去）

（前面槍聲）

寇戊　（倉皇地）支那兵衝來！

（寇佐及寇甲急出）報告，支那兵衝過來！

寇佐　快去報告，請援兵！（寇等急入弄堂去）

（槍聲漸近，日寇惶然）

寇佐　（指揮小商人及難民把死屍弄過來！—

（兩人各把起地上死屍，照所指示的把死屍放在沙袋前面）

寇佐　（用槍對兩人）你們也一樣！

（兩人被逼和死屍同樣仰躺在沙袋上，面向前方）

（日寇急躲在沙袋後瞄弄機關槍）

（聽得見中國兵喊衝殺聲）

（沙袋前的兩人哼叫）

寇佐　（用槍逼）你們叫，叫「救命，」「救命！」不叫，我打死你們！

（槍聲，喊聲更近）

寇佐　（催）叫，快叫救命！

（看得見我華軍了）

寇佐　叫！

難民　（大聲叫）弟兄們這兒有敵兵！

商人　中華民國萬歲！

我軍　（遙叫）老百姓，逃開！

（兩人起，被後面的日寇開槍打死，倒地）

我軍　衝呀，殺！（衝上）

(日寇機關槍掃射)
(我軍前面的人中彈倒，後面的伏地往前爬)
青年　(突然用肩扛起日寇的機關槍，推倒)
日寇　(駭得莫明其妙)
青年　(奪槍一一擊斃日寇)
(弄堂內有日寇衝來聲)
青年　(招手我軍，指示弄堂口)……
(青年中流彈倒地)
(我軍衝上)
(弄堂內發出密密的槍聲)
(我軍急以敵人的機關槍對弄堂掃射)
(一會兒，弄堂內寂無聲息)
青年　(哼吽)……
(我軍扶青年起)
(青年撕衣，出便衣隊符號)
我軍　便衣隊同志！你幹得好！
(我軍爭與握手，檢查他的傷口)
(青年指被硝強水爛了的嘴，指地上的瓶子，指知識分子，難民，小商人等的死屍)
我軍　(拾起地上的硝强水瓶子)强盜，這些沒有人性的禽獸！
衆人　打倒日本帝國主義！
(青年用口與手的動作跟着喊，忍痛，倒地)
(大砲聲)
(飛機聲)

——完——

(尤兢——光明)

省一粒子彈

街頭，一個公共茶桶邊，兩三個難民在拚命地喝茶水。弄堂口擠滿着難民，老難民和婦人小孩。
難婦　(抱着孩子)阿囡，阿囡！
老人　怎麼樣？
難婦　小阿囡餓壞了！
老人　唉，怎麼辦呢！你的奶水還是一點也沒有麼？
(難民婦搖頭)
難民　(在茶桶邊)給點水他喝喝吧。(倒水來餵)

老人　謝謝你！喝了沒有？
難婦　這麼小的孩子，那兒會喝水呢！
老人　唉，怎麼辦呢？
記者　（走過這兒）你們是那兒逃來的？
老人　先生，我們是虹口。
記者　才逃出來麼？
老人　開火那一天沒有逃得出，在家里躲了幾天幾夜，沒有吃過一點東西，昨天東洋赤老放火燒房子了，方從砲火底下爬了出來。先生，可憐呀，東洋赤老眞黑心！我的兒子，小阿囡的爺，逃在後面給東洋兵追上來一刺刀就，就死了！唉，連叫我一聲爸爸都沒有叫出來，就，就…（哭不成聲）
行人　（嘆息）唉！
記者　老伯伯，你不必太傷心，好好兒養養這孫子吧！（對難民婦）你們爲什麼不早點搬家呢？
難婦　我們早就想搬家的，賣燒餅的小三子勸我們不要搬，我們就…
老人　媽的，全上了小三子的當！
民難　小三子這傢伙的娘舅跟東洋赤老有來往，他看看人家搬家，就說不要緊，不必搬家，中國兵怕吃敗仗，不敢開火的。
行人　中國兵不敢開火？現在開火了，而且是我們打勝了！
記者　你們不應該相信小三子的話，早點逃出來就好了！
老人　是呀，我們中國兵天天打勝仗，東洋赤老吃了敗仗就放火，現在虹口快要打平了！（行人圍着看的聽的漸多，一個穿黑衣服的人擠進來）
黑衣　（問行人乙）虹口打得怎麼樣了？
行乙　（指難民羣）他們方從虹口逃出來，你問問他們看…
黑衣　你們什麼時候逃出來的？中國兵打到那兒了，
老人　虹口快打平了。中國兵就要把東洋兵打光了。
黑衣　眞的麼，這樣快？
行甲　匯山碼頭搶過來了，東洋烏龜只能跳黃浦了！
黑衣　（問難民　那末你們爲什麼還要逃出來呢！

難民　東洋人見房子就燒，見人就殺，把我們的衣服剝了去他們自己穿了逃走……

記者　我們大家要留心，當心東洋烏龜混在難民淘裏！

（各人互相對看）

難婦　（看手裏的孩子）阿囡，阿——囡！（哭）

老人　（含淚）死，死了麼？阿囡——！

難婦　（大哭）——！

老人　死，好，阿囡，你死在娘懷里，總比給東洋兵打死的好！（難婦拋下死孩，走）

老人　阿囡娘，你那裏去？

難婦　我也不要活了！

老人　阿囡娘，你還年青，我去吧，我這條老命，反正是……

行人　（拉住）你們這樣有什麼用呢？

老人　（瘋了一樣）我要去替我兒子孫子報仇！

行甲　我們的軍隊打勝了，替大家報仇！

老人　我要報仇呀！（跌倒）

難婦　公公！公公！

衆人　（同時）唉！（圍攏去）

（黑衣人乘勢放點東西在茶桶裏）

難民　（先前那一個）倒點水灌灌他吧？

衆人　快，快點倒水來！

（黑衣人閃在一邊）

（難民正要倒水，行人丙跑上來阻住他）

行丙　慢慢兒，這水不能喝！

衆人　為什麼？

黑衣　啊，飛機，飛機來了！

（大衆抬頭看，黑衣人將走）

行丙　沒有飛機，（一把抓住黑衣人）漢奸，打漢奸！

衆人　呀——！漢奸，

行丙　近來不是常有漢奸下毒藥麼？他放了毒藥在這茶桶里給我看見了，他就造謠說飛機來了，想乘空逃走……

黑衣　呃，我看錯了飛機。呃，你老兄也別看錯了，我是好人，啊…

行丙　（一計耳光）老子就看出你是漢奸！

衆人　打，打死漢奸！

記者　慢點，不能隨便打人！讓我搜搜他身上，看有沒有漢奸的證據！（搜身上一個日本銅板！）（搜帽子里沒有什麼，扯下腰帶上一條毛巾）這上面有一個紅線的日本字！（罵）你這日本帝國主義的走狗！打這漢奸！你這比狗也不如的東西！你的父母不是中國人麼？你的祖宗不是中國人麼？你爲什麼要做漢奸！你說呀，什麼做漢奸！

難婦　（把孩屍扔上去）你這沒爺娘養的絕子絕孫的㞘子！

衆人　打呀，打死漢奸！（大打）

（童子軍兩人跑上來）

童軍　什麼事情？

衆人　打死你這萬惡的漢奸！

童軍　漢奸？……交給我們，送去槍斃！（拉）

衆人　槍斃漢奸！

（漢奸被拉走）

難婦　（追上去，跌到，在地上一口咬住漢奸的腿　我要咬死你！

衆人　（拍手同聲）好！咬死漢奸！省一粒子彈去打日本帝國主義！

（尤兢——救亡日報）

55

對於上海抗戰應有的認識

上海抗戰，已於八月十三日爆發了！這是我們給日本帝國主義的總回答，這是中華民族一鳴驚人的第一聲！

在八月十三日以前，中國受日本帝國主義的侵略，六年之內，失掉四分之一的領土，這一段屈辱的歷史，眞夠我們痛心。但到了八月十三日，是中國歷史的轉變點，是中華民族做奴隸或做主人的新界線，我們踏進這個轉變點，我們越過這個新界線，一個偉大的時代已到來了。從前我們在侵略者的前面屈膝求饒，今後我們要驅逐侵略者，從前我們是「今日割五城明日割十城，」今後我們要收復一切失地；從前我們所受的是屈辱，是痛心，今後我們要揚眉，要吐氣。

上海抗戰是全中國四萬五千萬同胞與敵人搏鬥的起點所橫在我們前面的是戰壕，是大礮，是血跡，是火光，同時也聽到自由平等的呼聲，也看見勝利與光榮的遠景。

自上海抗戰爆發到現在，因爲軍事當局的動員迅速，因爲前線將士的英勇犧牲，因爲擴大民衆的積極擁護，在上下一心全國一致的條件下，我們已獲得初步的勝利了。在這中間，雖然在戰場上堆積不少的血屍，有大批的傷兵折了臂，斷了足，雖然在後方，有千百萬的失業者，有像洪水一樣泛濫的無家可歸的難民，甚至有一些友邦的同情者，被大世界誤落的炸彈以及敵人投向南京路的炸彈打死，可是沒有一個人抱怨，沒有一個人悲觀。這樣全國一致乃至全世界一致的反侵略戰爭的精神，在人類歷史上還未見過，就說這是第一次，也許不是過分之詞吧！

戰局的發展，以公共租界爲根據地的敵人，早在我軍包圍之中，黃浦江上的敵艦不時被我國空軍襲擊，也不得逞，擾亂京杭各地的敵機，先後被擊落與受傷者達八十架，這些鐵般的事實，把漢奸們所傳播的中國不能在目前作戰的謬論打得紛碎了。近幾日來，戰局的重心，已移到吳淞口沿江岸一帶，但在我國嚴密防禦之下，敵人縱有軍艦與飛機的掩護，仍不易登陸，就算有些地方偶然登了陸，然而也不易「生根。」我們正在用全國的力量與敵人拚死活，祇要有決心「犧牲到底抗戰到底，」一時的勝敗，局部的得失，是無關重要的。根據半個月來作戰的經驗，敵人在吳淞口的企圖，一定要被我軍的鐵拳打破，這種自信力，我們是應該有的。

或許有人說「一二八」抗戰的結果，敵人不是從瀏河登陸，使我軍全線動搖，不得不自動的撤退嗎？是的，「一二八」抗戰，誠然因瀏河不守而失敗，誠然在失敗以後，簽訂上海停戰協定收束。但這次「八一三」抗戰，的確與「一二八」抗戰不同。第一，「一二八」抗戰發動於十九路軍，是一種孤軍抵抗，至多祇能說是局部抵抗。而這次「八一三」抗戰，誰都知道是中央開了國防會議决定的，這不是局部抵抗，而是全面抗戰的開始。第二，「一二八」抗戰，敵人從海陸空三方面進攻，我國祇有陸軍被動的應戰，這次却不然，我國陸軍一開始卽站在主動的地位，卽對敵人採攻勢，又加上神勇的空軍，在天空活躍，使敵人的高射炮失其效用。這些顯著的進步，曾引起外國軍事觀察家的驚嘆。第三，「一二八」抗戰之初，敵人曾誇口在四小時內佔領全上海，有些人在當時都認爲中國失敗是必然的。現在呢？情形顚倒過來了，大家所憂慮的問題，不是敵人佔領上海，而是我們在短時間內能否消滅敵人？這種心理的改變，也證明我們的進步是一日千里的。第四，在「一二八」抗戰的時候，中央未能以全力支持的原因，由於國內還演着「中國人打中國人」的悲劇。現在則全中國在「抗日第一」的原則之下，實行槍口對外了，這卽是說，全中國四萬五千萬同胞已團結如一家團結如一人。拿全國的兵力，財力，智力與侵略者比雌雄，勝利之果自然不屬於國內矛盾百出的侵略者。第五，就國際關係說，在「一二八」抗戰的時候，幾個大國同情我們的少，支持敵人的多。近五年來的事變，證明日本帝國主義侵略中國沒有止境，使日本與列強間的矛盾，尖銳起來，加以這次上海抗戰發生以後，日軍的殘暴無所不至，甚至不宣而戰，封鎖我國海岸，無緣無故的轟擊美國的旗艦，用機槍掃射奔走和平的英大使許閣森。因此，以前支持敵人的國家都把臉兒掉過來同情中國了。有以上五點不同，所以「八一三」抗戰決不是「一二八」的重演，所以「八一三」抗戰的血史也決不是「一二八」的續編。萬一吳淞口沿江岸一帶，我們在軍事上有不幸的結果，可是我國全面抗戰的陣線，一定要跟着展開，決不會再來一次上海停戰協定。我們相信政府是有「抗戰到底」的決心的。

前面講過，上海抗戰是全中國四萬五千萬同胞與敵人搏鬥的起點。這不是一句空話，而是有事實來證明。近半月來，因上海抗戰的爆發，而華北抗戰也一天天的展開了，不僅是展開，我軍已由綏東進攻察北，並且收復商都南壕塹尙義張北等地了。因此，我們不妨這樣說，上海抗戰勝利，卽是全面抗戰勝利的起點。

如果有人問：上海抗戰與華北抗戰那一方面重要呢？我們應該確定的回答，敵人向上海進攻，直接的目的是擾亂我國的經濟中心，而間接的目的，則在牽制我國的軍力，以便在短時間內完全佔領華北。換句話說，敵人所垂涎的地盤，是在華北，不在上海。所以在上海抗戰爆發的前後，敵人正在集中全力進攻南口，想用獅子搏兔的手段，打通平綏綫，一方面可以吞併察哈爾綏遠，另一方面又可以分兵從平漢津浦兩線南下，蠶食河北省南部。在這種情形下面，我們的戰略除調派重兵保衞上海外，同時應該向平綏平漢津浦三路進攻，守住南口，收復平津，予敵人以痛擊。我們必須爭取上海抗戰的勝利，尤其必須爭取華北抗戰的勝利。這兩種勝利是分不開的。假使有人希望把上海事件單獨解决，或者用全力支持上海抗戰而忽視華北抗戰，那是一種不容許的錯誤。

根據上面的估計，我們應該認定：上海抗戰是全面抗戰大鏈條中的一環，决不是僥倖所能取勝，更不是短時間內所能解决，我們要爭取上海抗戰的勝利，必須在持久戰的局面之下，才能辦到。「流出最後一滴血，戰到最後一條鎗，」無疑的是我國政府與民衆應該共守的信條！

不過，我們需要持久戰，是沒有人懷疑的。現在擺在面前的問題，是怎樣才能實行持久戰？

正確的回答是這樣：實行持久戰，决不是單純的軍事問題，除在軍事上總動員，調派全部國防軍速赴前線與敵人角逐外，要集中全國的人力，就必須在政治上總動員，如組織民衆，保障民衆的各種自由，釋放政治犯之類；要集中全國的財力，就必須在經濟上總動員，如勸募救國公債，禁止現金逃避，加緊國防經濟建設，調節戰時生產與消費之類；用政治的與經濟的力量來支持軍事，則軍事的力量才能盡量發揮，我們才可以把敵人拖得精疲力絕，等到敵人精疲力絕的時候，再拚我們所有的力量，向敵人的主力猛烈的進攻，以期一舉而消滅它。

光是這樣，依然不夠，我們要抗戰，決不可完全依靠「自力更生，」必須利用一切國際的矛盾，接受一切國際的援助，在外交上把敵人的敵人都拉到我們這邊來。日本帝國主義的第一個敵人是蘇聯，所以我們在抗戰時期的外交，無疑的是首先與蘇聯結成親密的友誼，從簽訂互不侵犯條約到簽訂互助公好，同時再與英美法攜手建立太平洋集體安全制度。

如果我們在軍事上、政治上、經濟上、外交上有一個通盤籌算，各種佈置與行動，都以有利於抗戰爲前提，那就很容易實行持久戰了。

我們對於上海抗戰，主張這樣，我們對於全面抗戰也主張這樣。（錢亦石——中華公論等聯合特刊）

全面抗戰發動後的國際形勢

上海戰爭隨着平津與察哈爾的戰爭爆發以後，我們全面抗戰的局面已經漸漸展開了。在這全面抗戰局面沒有展開以前，國內的一般「恐日病」者除了以中國武力不及日本的說法阻止抗戰的發動外，並且還以國際形勢不利的理論來緩和抗戰的爆發。這種荒謬的理論，在最近華北與上海戰事發動後，已經打得粉碎了。關於我們抗戰的軍事力量，這裏暫且不說，而僅就全面抗戰發動後的國際形勢，來作一個簡明的分析。

在遠東的戰爭中，日本帝國主義是站在侵略的地位，而我們則僅爲保衛國家的生存與獨立而戰，因此是凡愛好和平的國家，沒有一個不是對我們表示同情的，這在九一八事件發生時，就是如此情形，而在這次戰爭中，各國對於日本帝國主義的侵略野心，更有進一步的認識，一致予以嚴厲的攻擊。當蘆溝橋事件發生後，全世界愛好和平的國家一致對我表示同情，而在上海戰爭爆發，全面抗戰局面開展以後，國際形勢的發展，更有利於我們的抗戰前途了。

先以英國來說，它本是日本帝國主義的老相好，在九一八時候，西門外相對於日本的侵略行動，曾表示相當的諒解。但在這次戰事中，尤其是在上海戰前發生以後英國對於我們爲自衛而起的抗戰，已表示極大的同情與善意。這一方面是因爲英國對於日本帝國主義大陸政策的厲行，已有更進一步的認識，而另一方面則因爲上海戰爭的發生，已使英國的利益受到更大的損失。因此英國爲着保護他們自己的利益起見，民間輿論固一致攻擊日本帝國主義的侵略行爲，而政府方面也已採取了某種程度的行動。

在民間輿論方面，工黨與自由黨的報紙，對於日本的侵略行動，一向表示攻擊的態度，就是保守黨的各機關報，這次也一致反對日本的侵略戰爭，尤以泰晤士報的言論最爲顯明。該報八月十六的社評說：『日本軍閥在中國的目標，是在華北造成一個在它統治下的走廊，以便將來作進攻蘇聯及乘機向南侵略的根據地。』這種淸楚的認識，在以前是從來沒有過的。該報對於日本發動上海戰爭，也極力攻擊。謂日本早已失去各國同情，這次在上海無理作戰，絕不能讓他任意破壞英國的合法利益，（二十日社論）二十二日該報又登載前北平英使署參贊德志門一文，稱『日本決無力制服華人，祇有承認新中國受平等待遇的要求，始能保持和平。』等到二十六日英大使許閣森被日本飛機掃射重傷事件發生後，英國輿論對於日本帝國主義的殘暴侵略行爲，就作更進一援的攻擊了。

至於英國政府的態度，在蘆溝橋事件發生後，卽對日本政府表示，希望華北戰事不致擴大。至滬戰爆發後，英國的態度更有明顯的表現，它一方面聲明英國在滬利益的損害，須由中日雙方負責。（這話是着重對日本說的，）一方面則提出上海中立區的建議，規定中日雙方軍隊同時退出上海四週地帶，由英美法向日保障日本僑民的安全，向中國保證不使公共租界作爲日本的軍事根據地。這建議的主要目的；雖然是替英國在滬二萬五千萬鎊的投資利益着想，對於我們的主權並沒有完全顧到。但是它能夠提出日軍退出租界的建議，卻是非常値得注意的一件事。英國對於日本的利用租界作爲進攻我國的軍事根據地，過去從來不敢提出半句抗議，但在這次戰爭中，竟有此種建議提出，足見英國對於日本的利用租界作戰，損害他們的利益一點，已有明確的認淸了。這種觀念的改變，對於我們的抗戰前途是很有利的。不過這個建議，雖經我國在原則上接受，但日本已堅予拒絕，同時並封鎖長江下游及東南沿海航務，這於英國利益更有關係，英國是決不會就此忍受下去的。

英國這種憎恨侵略者的態度，在其駐華大使許閣森被日本飛機槍受擊傷以後起有已更進一步的發展。英國對於此事將取何種態度，現在雖然還沒有決定，但對於英王代表之被無故侮辱，決不會以抗議要求道歉了事，這是可以斷定的。這次事件的發生雖然非常不幸，但於充分暴露日本帝國主義的殘暴行爲一點說，確於我們抗戰的前途是很有利的。

其次，說到美國對這次遠東戰事的態度，也是非常積極的。在蘆溝橋事件爆發後，美國國務卿赫爾卽於七月十六日發表擁護國際和平的聲明，對日本間接提出警告，獲得全世界各國的贊助。上海戰事發生後，赫爾又於八月三十三日發表聲明、主張『種種國際條約，和非戰公約九國公約等所包含的原則，都應爲國際關係的基礎，且應在全世界普遍實施，太平洋一帶也不宜除外，』（此語係針對日本所提出的保留而發。）美國在遠東的利益，依照其國中立主義者的見解，本應當放棄，完全退出遠東的舞台，但這種主張，能地顯已失勢，這我們可以美政府派遣軍隊來華一點證明之。美國非但不準備退出遠東，而且對於我們的抗戰，還作間接的幫助行動，這就是羅斯福總統至今還沒有宣布中立法的施行。依照美國中立法的規定、凡是有戰爭狀態存在的地方，處禁止軍火輸出，除了交戰國用現金購買並以自己的商船運輸之外。這裏規定的施行，顯然對於我們有很大的不利，而於侵略的日本帝國主義國家則有極大的幫助，因爲我們的軍火多購自外國，要是美國施行中立法，禁止軍火運出，對於我們抗戰的前途就有很大的影響，同時要我們自己船隻去運輸，在日本帝國主義强大海軍的封鎖下，也是不可能的眞而於日本，則因爲它能製造大量的軍火，同時又有強大的海上威力，則沒有多大的影響。所以這種中立法如果實施，就不啻間接幫助侵略的國家加緊對我們進攻。美國政府對於這種情形看得非常明顯，所以遠東的戰爭狀態雖然已經存在，（在華北與上海的海陸空大戰，還不是戰爭狀態存在的明顯表示嗎？）但未宣布中立法的施行。美國商務部長羅泊於八月十八日談話中，對此有明白的表示，他說：『因中日兩國所處地位不同，倘美國宣布施行中立法，則有援助某國的嫌疑，我們決不願做。』此外各議會外交委員會主席麥克瑞諾與畢德門等要人，也有同樣的主張。

至於美國民間對於我們的同情，比英國更為明顯。如八月二十日華盛頓郵報說：『日本不論戰勝或戰敗，這種不可思議的暴行，都無以自圓其說，在歷史上，常有偉大國家，不惜冒道德上的唾罵，犧牲其國家的前途，以遂其征服的欲望。但如現在日本進攻上海的暴戾，與不顧世界上文化的影響，則很少見。日本武器雖强，但不足敵其赤裸裸毫無掩飾的野蠻性所造成的仇恨。』含有半官性質的美國外交政策討論會也於二十六日警告羅斯福總統不能施行中立法，間接幫助日本。同時並說：『為今之計，唯有由九國公約簽字國及蘇聯一致行動，禁止軍火供給日本。』此外美國反對戰爭及反對法西斯主義同盟會曾向日本駐美大使發表宣言說，美國千萬人民都反對日本侵略中國，並將派遣糾察隊圍困日本大使館與領事館，及喚起全國人民抵制日貨，以維護中國民主政體及世界和平，美國人民反對侵略者態度，表現得最明顯也沒有了。

再次，法國對於我們的抗戰更表示絕大的同情。所有的報紙都一致攻擊日本的侵略行爲，這與九一八時的情形完全不同。這主要的原因，是法國自從成立人民陣線政權以後，已經成爲擁護世界和平的一支生力軍，對於侵略者的行爲莫不予以痛擊。八月十五日人道報說：『日本帝國主義正向中國進攻，中國爲保衞領土，維護生存與攸久的文化，俾勿受野蠻的法西斯主義蹂躪起見，現已一致奮起，決心抗戰，全世界進步份子都向之表示同情，世間酷愛和平主義者，都知道中立政策實即破壞和平之謂此項集體和平組織即以互助方式來援助被侵略的國家，』這種見解的透澈是無以復加了。至於法國政府方面，對於遠東戰事的態度，雖然極爲積極、如派遣重兵保護上海租界，並同英國採取同一步驟，但因爲它本國的力量關係以及其他遠東的利益不及英美，在實際行動上還沒有什麼顯明的表示。

至於同我們毗隣的蘇聯，一向是擁護和平不遺餘力的，同時又爲日本帝國主義的死敵，對於我們的抗戰，當然是積極同情，而且是最有幫助我們抗戰的可能的。（編者注：中蘇不侵犯條約現已於八月廿九日在南京與莫斯科公開發表了。）

在全世界的強大國家中，上面所說的英美法蘇四國，都是同情我們的抗戰的，而且將來也是最有希望同我們攜着手一致向法西斯的侵略國家作戰的。此外德意二國，情形就大不相同，意國現在正忙於西班牙戰事，對於遠東方面還抱着比較中立的態度。至於德國，在華北戰爭初發生時，曾向美國與我國表示中立，但到滬戰發生，全面抗戰局勢開展後，眞正的態度就漸漸暴露出來了。國社黨的機關報紙都一致承認日本的侵略中國，是在進攻共產主義，同時並用大字標題登載日本在華北大勝的新聞。例如八月二十五日國社黨機關報 Der Angriff 於「莫斯科在中國的黑影」社會中說：『假如中國能會加入堅強的反共集團，那麼莫斯科赤化世界的目的就要失敗了。』這種說法不啻是叫我們投降，忍受日本帝國主義的侵略壓迫，去年成立的日德防共協定的眞相，到現在已經完全暴露出來了。

總之，我們全面抗戰發動後，國際形勢已有極大的轉變了。只要我們堅決抗戰到底，犧牲到底，國際形勢必將有更利於我們的發展。我們抗戰前途的勝利，主要的是靠自己堅決抗戰到底，予敵人以堅強打擊，雖剩一兵一卒，也不中途屈辱求和，而在另一方面則也有賴的外交形勢的善爲利用。這在消極方面，我們處了我們的主要敵人及其幫凶外，對於一切友邦都要極力免避引起惡感的行動；而在積極方面，我們要加緊外交活動，派遣國民外交使節，擴大對外宣傳，以冀獲得各友邦尤其是英美法蘇四大國之更大的同情，以至於進一步結爲與國，在物質上或在實際行動上幫助擊退日本帝國主義的侵略，保全世界的和平。（張弼——世界知識等戰時聯合特刊）

中蘇不侵犯條約的展望

中蘇不侵犯條約公布以後，我外部發言人曾宣稱：『此項條約之內容，極爲簡單，純係消極性質，即以不侵犯及不協助侵略國爲維持和平之方法。』這是非常正確的，因爲就約文解釋起來，只是如此。不過，這不侵犯條約之簽訂，究竟還包含着積極的意義，願約略伸論之。

第一：中蘇互不侵犯條約的簽訂，是中國長期抗戰的有力保證之一。在過去，日帝國主義常常用挑撥離間或威迫的方法，使我們不敢施行獨立自主的外交政策，甚至還想把我國引入國際侵略陣綫的圈套。自這中蘇不侵犯條約簽訂以後，這一可能性就斬斷了。很明顯地，中國已決定不做侵略的俘虜，不但如此，而且不顧侵略國的阻撓，毅然決然地和愛好和平的國家共同奮鬥，這是表示中國將以最大的決心維持遠和平，也表示它對於破壞遠東和平的日帝國主義，要武力抵抗到底。

第二，這是太平洋集體安全制度的發端。我外部發言人也說過：『此舉不獨對於中蘇二國間之和平，多加一重保障。且爲太平洋各國以不侵犯之保證，共謀安全之嚆矢。』因爲日帝國主義侵略中國，不單是足以危害中華民族的生存，而且和英美等在遠東有權益的國家也有很大的利害衝突；所以英美等列强在中蘇堅定其立場以後，也只有更積極起來反對日帝國主義無限制的侵略，而太平洋集體安全制度可能由此形成。卽使日帝國主義利用目前英美對他還不能有强有力的牽制，繼續侵略，中蘇條約簽訂後，太平洋上形勢之發展，可以使侵略國陷於孤立，而我們是增强了反侵略者的後援。

不過要發揮這種積極作用，必須由互不侵犯條約進而訂立互助條約，因爲根據互助條約，則簽約國在受第三國的侵略時，應該相互援助，現在侵略國的行動已如野獸一般，僅僅道義上的制裁是沒有實際效力的。假使集體安全制度之下沒有互助條約來充實維持和平的實力，便和過去的國際聯盟對付滿洲問題及阿比西尼亞問題一樣，空喊反對侵略，而絲毫不能阻止侵略的行動。現在日帝國主義的侵略戰爭，從華北擴展到華中，中蘇不侵犯條約恰於這時候簽字，將來進而簽訂互助條約，在事實上已經有迫切的需要，而且應該力求實現。

我們這時候外交上的一切活動，不外是維持和平，反抗侵略。爲了這個目的而締結的不侵犯條約乃至互助條約，都和侵略式的軍事同盟不同。軍事同盟是對於第三者採關門主義，而不侵犯條約以及互助條約，則歡迎第三者參加；就是侵略國，如果放棄侵略政策，接受和平主張，也可以參加的。不侵犯條約的性質是這樣，互助條約也是這樣，其光明正大，絕不是簡單的軍事同盟以至思想同盟(如日德協定的公開部份)一類的東西所能比擬。

孫中山先生始終以『聯合世界上以平等待我之民族，共同奮鬥』爲國策，現在政府由簽訂互不侵犯條約，更進而訂立互助公約，給侵略者以更嚴重的打擊，這才是執行中山先生的國策之最積極的表現。也只有展開這積極的外交政策，方能迅速完成民族解放的勝利。(潘漢年——抗戰)

國府修正危害民國緊急治罪法

我國早已因爲國難的嚴重化而步入了一個非常的時期，滬上抗戰的開始是從軍事行動上承認了這個非常時期的到臨，「修正危害民國治罪法」的公布是從法律上承認它的到臨。

原來的「危害民國緊急治罪法」是在我國對內的非常時期所制定的，它的目的是全在對內，它所規定的罪名也幾乎全以對內的罪名爲限。現在全國統一，對內的非常時期早已過去；而寇患日深，對外的非常時期却也早已開始。在這個新舊時代交替的時候，社會的各方面都需要有除舊更新的設施，法律方面也並不是一個例外，這種需要，到了全面抗戰已經開始的今日，更是迫切的萬分。

法律方面所需要革新的實在以「危害民國緊急治罪法」爲最要，早已歷經我們指出。國民政府現在就首先從此落墨，可謂深快人心。它於本月四日下令，把「危害民國緊急治罪法施行條例」廢止，把「修正危害民國緊急治罪法」公布——這就是說：原有的「危害民國緊急治罪法」和它的「施行條例」均已廢止，而把這修正的法律來代替。

上面已經提到，原來的法律是幾乎專以對內爲目的，它所規定的對外的罪名，只有第一條第二類所載以危害民國爲目的而私通外國圖謀擾亂治安的一種，而且就是這一種也不過是就平時而言，並非特別對於戰時而定的。現在這個修正的法律却是完全不同，它是幾乎全就對外而言，並且幾乎專就戰時而定的。新加的條款，一覽可知，無須特別提出；這裏且把它變更舊條文之處指出幾點，它的立法意旨的所在，就可以因此格外顯得明晰。舊法有『私通外國圖謀擾亂治安』的規定，現在新法，就把『外國』二字改爲『敵國』——可知新法不僅是爲通常戰時對外而設，而是特就對日抗戰而定的。再看凡是舊法條文內單載『叛徒』二字的，現在新法內幾乎都加上了『敵國』二字，卽如舊法第一條第四類原載：煽惑軍人，不守紀律，放棄職務，或與叛徒勾結者，第二條第一類原載：煽惑他人擾亂治安或與叛徒勾結者，第五條第一類原載『爲叛徒購辦或運輸軍用品者，』同條第二類原載『以政治上或軍事上之祕密洩漏或傳遞於叛徒者，』新法均於相當條款之內在『叛徒』二字之上加『敵國』二字。舊法第四條第一項原載：明知其爲叛徒而窩藏不報者，新法改爲；明知其私通敵國或爲叛徒而窩藏不報者。至舊法第一條第三類所載：勾結叛徒圖謀擾亂治安者云云在新法內未有變更，則是因爲新法內已有『私通敵國圖謀擾亂治安者』的一款。這些地方都特別顯出新法是爲對日抗戰而設的。

新法是爲對日抗戰而設，這就是它適應新時代的主要之點，也就是它足以使人快慰之處。我們在這裏把新法的立法意旨詳細闡明，不僅是因爲希望一般人民明瞭，而特別是因爲希望負有解釋這個法律的責任之人注意。以前解釋舊法，失之過泛，易使不在治罪範圍以內之人因此被累。尤其是『以危害民國爲目的』之『危害民國』四字，關係太大，應該特別注意，予以正確的解釋。危害民國爲目的云云，字義極爲明顯，卽須確有危害中華民國的意義，嚴格是政治見解與政治主張的歧異，不能就算是有危害中華民國的目的。現在新法既然是以適應對日抗戰爲其立法之意旨。它的所謂危害民國的意義當然更比舊法嚴格，民國二字之意重於對外而言的國家，而不重在對內而言的國體。新施第一條記舊法第六條後段所載『或宣傳與三民主義不相容之主義』删去，明白表示對內的非常時期已經過去，並無再爲對內規定的必要；同時它又把舊法第六條的前段保留，這就是：以危害民國爲目的而組織團體或集會者。解釋這裏的所謂危害民國當然不能再像從前地廣泛，而必須要合於上面的闡明。否則就要違背立法眞意。此外還有應該注意的兩點。新法第四條明定於對外戰爭時，雖非以危害民國爲目的，而以文字圖畫或演說爲足以有利於敵國之宣傳者，爲有罪。要適用這個條文，應該先已發見確有爲有利於敵國之宣傳的事實存在，而不要把政治上的批評和不同的意見與主張的提出就當作是這種的宣傳。新法第五條又規定對外戰爭時，傳播不實之消息足以擾亂治安或搖動人心者爲有罪。按刑法第十二條載明：行爲非出於故意或過失者不罰；過失行爲之處罰，以有特別規定者爲限。所以犯新法第五條之罪的人必須要有犯罪的故意，這是很爲瞭然的。

最後還有希望的一點，就是此項法律的修正固然已經使許多的政治犯因此而當然不能判罪，然而其他的政治犯也應該因爲法律上已經承認時代的變化而一律立刻予以釋放。（張志讓——救亡日報）

從漢奸之多談到鄉村工作

八月二十八日申報夕刊有這樣一段消息：

石洞（羅店附近海口，即小川沙口）平時泊有漁船一百四十餘艘，此輩漁民，於沿江水陸交通非常熟悉。戰事爆發後，彼輩受當地漢奸之煽惑，由敵方維持其生活，故全部漁船。一律資敵應用，石洞口敵軍利用熟習港汊地理之漁民爲嚮導，故登陸較其他各港爲便利，且石洞小港汊甚多，港之正面有我重兵抵抗，而從側面小港左右活動。

九月二十六日大公報長江通信中，也說浙江有許多沿海漁民引導敵軍在偏僻港汊中上陸。此外，在報紙上每日發表的關於破獲漢奸機關的消息中可以看到：在充當漢在這情形下，如果每一萬人中有一個人被敵人誘引去當漢奸，在四萬萬五千萬的中就可以組成四萬五千人的一個漢奸隊伍。(！)而其餘的四萬萬四千九百多萬的散漫無組織的民衆，却正好是掩護這漢奸隊伍的『青紗帳！』這樣就是有了很機警的警務機關，也很困剷除這批沒心肝的的恥的匪徒了。

如今已經有好多漢奸落了網，被處了極刑，這是絕對應該的。然而極刑的制裁祇是一種消極的辦法，並不根本防止漢奸的產生和活動。防止漢奸活動的最有效的辦法是發展民衆運動，加強宣傳工作，建立民衆團體。

中國四萬萬五千萬人口中有三萬萬五千萬是農民；因此發展民衆運動主要的也就是擴大鄉村工作，發展農民運動。在抗戰期中，都市工商業一漸衰落下去，大批工人和小市民由都市中退到鄉村中去，因此也更增加了鄉村工作的意義。

防止漢奸活動，其實還祇是發展民衆運動的一點消極作用而已；而它的積極意義更大。未來的全國性的抗戰，主要將在我國的廣大的田野中進行。同士兵們接觸最多的老百姓是農民。在滬戰爆發後一星期，本文作者剛從內地來上海，火車經過了我軍的防地，在靠近最前綫的地方，我看到士兵和農民的密切的生活：士兵們駐在村莊裏，兵士坐在農民家裏，村口祇站着一兩個哨兵，場上曬滿了衣服，尿布，高射炮架在村前的玉蜀黍田中，農民還在菜園裏翻士，（上海近郊農民種蔬菜的很多，）女人孩士們立在門檻前望着我們的列車。乘客們見到農民這種優閑的態度，莫有一個喊奇怪的。其實，誰個不怕死，誰個願意嗜炸彈的茲味。祇因沒有錢，搬不進租界，離開那塊田地就要失去衣食來源；因此，不到炮彈落在門前，農民就決不肯背離鄉井，於是他們便成了前線士兵的最好伴侶。不用說，如果這裏的農民中，有二三個漢奸混入，把防分佈情形告訴敵人，甚至在那裏做壞破搗亂工作，那我們的軍隊一定要大吃其虧；反之，如果，這裏的農民是覺悟的，是有組織的，那就可以幫士兵做許多事情：（如挖壕溝，運子彈，造飯，引路等等，）使得後方士兵可以多得到些休息，使前線將士可以用全力對付敵人。

而且，農民既是國內的主要人口，那也就是軍隊需要補充時的主要後補者，如果在他們未入伍前就給以適當的政治的和軍事的敎育；那麽，他們在入伍以後，很快地就可以成爲最堅强的最勇敢善戰的士兵。

然而，不幸得很，我們的農民至今還是一盤散沙，至今還沒有受到抗戰救國的政治敎育。他們非但不能自動地組織地來幫助政府肅清漢奸，（個人的注意力不夠，而且個人的告發也害怕漢奸報復，）不能協助軍隊佈防作戰；而且連對於路過的軍隊也不能給與熱烈的招待。

本文作者就在此次回上海的時候，一路遇見了好幾列車的開赴前線作戰的軍隊。在靠近蘇州的某一小站上，我們的列車同一列軍車並列着停在月台上。從我們同士兵的談話中知道他們從原駐地開拔以後，因趕路關係，已經三天不曾造飯，而且因爲剛遇到暴風大雨，使他們的身上的衣服已經一日夜沒乾燥了。（他們坐的是沒蓬頭的貨車。）可是士兵們沒有半點怨恨的樣子：他們仍舊很有精神，很興奮，一些也不像在數小時之後就有可能爲了民族的獨立而在前線犧牲自己的性命的樣子。使我奇怪的是一路停靠了很多大小車站，沒有看見一個地方曾經煮一鍋熱飯，提一壺熱開水給士兵吃的；也沒有看一個地方曾經有一個民衆團體的代表向開到前線去的士兵致過一句慰問之詞。好像這些士兵不是爲了全國同胞的自由而去同日帝國主義的軍隊作戰，好像他們並不是爲了國家民族的獨立而到前線去跟敵人肉搏。我覺得人民這種冷淡的態度眞對不起這些戰士。

然而是民衆不愛國，不關心祖國的命運。或是不知道這些士兵是爲了他們而去犧牲嗎？當然不是的。

一路上我們遇到好幾列從上海開出的擁擠不堪的難民車，窗子上，車站上，機關車的汽鍋旁都擠滿了人；那種逃難的情形也夠苦了，然而同他們一起停在月台上的時候，只聽到他們怒罵日本空軍的殘暴，如何轟炸和掃射南站的難民，或是興奮敍述閘北我軍的高射砲擊落了日本的飛機；但沒有一個埋怨抗戰的。當我們的列車在黎明時剛駛進嘉興站的時候，三架敵車的轟炸忽在上空出現，迎着我們的列車來。車站四週的高射砲便對準着開放。旅客們也忘記了危險，把頭伸在窗外觀戰，有一次高射砲發出的火光，從三架敵機的中射出，好像已經打中了一架的樣子；這幾乎使得全車廂的旅客都高興得大叫起來。

然而這些熱情的民衆和英勇的士兵之間，好像永遠隔着一層層的牆壁，永遠不能相貫通似的。或者更確切些說，他們之間缺乏一條互通聲息的溝道，使得他們的同樣的抗敵愛國的熱情不能滙流一起，以至於在表面上看起來就好像是兩塘不相連接的死水。這個互通聲息的溝道便是民衆組織。

如果我們的民衆有了組織，受過了相當政治軍事訓練，對於路過的開赴前線的軍隊能夠給與相當的招待和慰問，使士兵們都感覺到人民是敬愛他們，是他們的後援；那時每士兵在跑上前線的時候，一定更能勇氣百倍地去衝鋒陷陣。如果能夠更進一步使人民都訓練成爲勇敢的戰士，可以直接幫助前線和後方的軍隊担任各種抗敵的工奸的人物中，有很多是上流社會人士（他們而且都是漢奸的領袖和組織者，如二十八日各報所載南京警備司令部槍斃的十八名漢奸中，有許多還是政府高級官吏，）但是勞苦大衆出身的，尤其是鄉村和都市中的流浪無產者亦是不少。

因於漢奸活動問題，使我想起了北伐時的情形。當年，黨軍的對手是帝國主義的走狗和封建殘餘的統治者——北洋舊軍閥；論理那時的北洋軍閥以同爲中國人的資格，要在當時的黨軍內部及黨軍所統治的地域內收買些內奸，總比異國的敵人收買漢奸要容易些。然而，當年的黨軍却沒有像今天一樣發現這麼多的內奸。反之，黨軍所到的地方，老百姓總是羣起響應，而且黨軍的交通運輸。嚮導，情報工作，有一大半都是由老百姓自動担任去的。

然則，爲何如今在抵抗日本帝國主義强盜的對外戰爭中，反會發生這許多的漢奸團體呢？說是民衆沒有愛國心嗎？但是絕對大多數的人民對日帝國主義的侵略行爲都是異常忿慨的。從近日來上海市在街頭上屢次怒打漢奸的情形看來，民衆對漢奸更是異常仇恨的。二十八日申報夕刊的同上通訊中有一節說：

羅店北盛家橋一帶，鄉民以我守軍忠勇奮發，爲國犧牲，簞食壺漿，自動送至前線慰勞；而該地漢奸，大表不滿，縱火焚燒，一日之間，已全村蕩然。

殘。

從這消息中看出，鄉民是如何愛護前線的抗戰將士，因而也同樣受到了漢奸的摧

漢奸之多，完全是由於我們忽視羣衆宣傳，缺乏羣衆組織的結果。在北伐時代，軍隊還沒有同敵人開過仗，革命黨人的宣傳員和組織員就已經深入到了敵人的後方。在軍事工作未達到之前，政治工作早已有了堅强的基礎。敵軍統治下的人民，知道北伐軍是爲了他們的利益而奮鬥，是解除他們的痛苦的救星。因此在北伐軍未到之前，就爲北伐軍做情報工作並擾亂敵軍的後方；在北伐軍已到之後，就爲北伐軍幫做運輸交通等工作，幫助新政府肅清偵探內奸和一切反動份子。現在救國抗戰的宣傳太嫌不普及，廣大的羣衆組織更感缺乏。

然而在這時期中，敵人却沒有忘記在我們國內做它的『羣衆工作：』宣揚『王道，』提倡復古，放散『眞命天子出世』的妖言，看中了民衆的痛苦和不滿而頌揚『皇軍』的『弔民伐罪』的『功蹟，』誇張軍備實力養成恐日心理：——這些就是敵人的政治宣傳工作；以威迫利誘的辦法，勾結我國的上層份子，收買無知愚民，成立漢奸團體：——這便是敵人的羣衆組織工作。敵人的政治工作早已先於軍事侵略而深入了我們的內地。

作，那力量當然是更不可限量的。

日本軍閥每當派遣軍隊來中國作戰的時候，總是輪流指派各學校的小學生，婦女團體或其它法西團體的代表，執着小太陽旗，到車站碼頭上來『歡送』他們的父兄丈夫或兒子到中國去當砲灰，以資鼓勵將士的勇氣。在這些地方也足以證明了帝國主義軍隊也注意到了自己的政治工作。

我們是被侵略者，是半殖民地的弱國。我們想制勝敵人，不能全憑物的因素（兵械，財政，）而也要憑人的因素（抱有犧牲決心的戰士和人民。）所以論理我們更應注意民衆運動；然而事實上，這方面也缺少嚴重注意。

事勢已經非常迫切了，希望全國上下快快來注意這件重要事業——民衆運動；尤其希望注意到農村中的民衆運動。全國鄉村工作更應堅決地担任起這些工作。（孫冶方——抗戰）

戰時的新聞記載

在抗戰時期，新聞記者也是一名戰鬥員，他們溝通前方與後方，責任可說是極其重大。同時他們的工作也異常艱苦，並非局外人所能想像的。

戰時的新聞記載，需要消息的正確和意識的正確，「然後可以借新聞的力量去鼓舞，指導並團結民衆。

近來上海的報紙，時有一種令人難以捉摸的記載。例如八月二十八日各報都刊出一條花邊新聞，標題是：

日艦誤認老鷹爲飛機亂放高射炮

這一條新聞，當然是很有興趣的，看過之後，我也哈哈哈，你也哈哈哈，但天地間有許多可笑的事，往往經不起分析。我們試想飛機飛在天空，它的大小跟老鷹一樣。就常識判斷，高射砲的射程，未必能夠達到。這個消息是某船員在下午二時目覩的，可知並非星光月夜。既然可以用高射砲射擊，飛機也許飛得低一點，如果這一架飛機，並非『老鷹形的無聲飛機，』那末，傳述這個消息的某船員可以『目覩，』則人人都可以目覩了。大家『目覩』之餘，敵人還要亂放高射砲，如非船員視覺有誤，（眞是飛機，不是老鷹，）就是敵艦的高射砲手是一個屠殺得發了狂的瘋子。

像這樣的一段新聞，能發生怎樣的作用呢？

反之，我們對於流離失所的受難同胞的記載，把他們寫得「汚穢齷齪，」語氣之間，儼然如秦人視越人的肥瘦。這種記載方法，也只有顯出新聞記者沒有一點同情心，並且也太沒有常識。

又如敵人的砲彈擊中了某處或沒有擊中，或者幾乎擊中一類的記載，也是值得愼重的，敵人從遠距離發射的砲彈，擊中與否，他們本來不知道，現在我們的報紙記載得清清楚楚，那就『既然擊中，』下次不妨照此再擊；若未擊中，也可以改變方向。像這樣的記載，等於供給敵人以情報，我以爲是很嚴重的。

至於戰地通信員到前方去了一次回來，事無巨細，痛快地發揮見一樣寫一樣的伎倆，表示自己的能幹，這也是值得考慮的。

戰時新聞記者的工作雖是很艱苦的，但錯誤的記載，將不能見諒於讀者，我們大家還是謹愼細心的好啊！（謝六逸——抗報）

需要正確報道

這裏不是吶喊，而是希望人們能正視。抗戰是在開始了，我們要生存，祇有這條路，絕不容懷疑徊徘。但這工作有賴於堅毅，沉着，硬着頭皮幹下去，抛開一切悲慘的景象不理；即使踏着血河肉山過去，我們也還不回頭的。然而，誇大却不必。

十日以來，誇大已經佔住了我們每一個市民的心了，而且以誇大爲勝利，人們將終於在勝利之前退却，比如說吧，一報道到我們獲得了俘虜的時候，我們的通訊員總把敵人寫得怎麼卑下。但這是否眞的表示自己的勝利了呢；我以爲祇顯出自己的殘忍；彷彿在說這怕死的傢伙，爲什麼不「引頸就戮」呀！

死是不是對俘虜最高的刑罰，這有待于研究。就義者固以死爲最高的道德，然而無「義」可就，「偷生」却又是人類的義務。迫于軍命，出征疆場，即有不幸，一死以報「皇上」，那是奴隸的行徑。我們要求于所謂萬物之靈的人類的，決不是這些。

自然，不敢揭起集團的反抗，如一二八時橫須賀二千餘被槍殺的反對侵華的叛兵，那是懦弱。然而在嚴酷的法西的統治下，個人的正義，早被奴夯於軍令的底下，失敗之後又不願殉侵略政策而死，這正直得我們同情；諷刺的筆鋒，是不因向這些人刺去的了。人沒有以自已的生命驕傲別人的生命的權利：即使眞的「跪地永降」，於我也並不光榮。我們的義務，並不在於殺人。我們正也是死裏求生。

然而偉大的另一面却又是卑下。西牢中了炮彈，囚犯死的很多；報導者曰：倘幸西犯無一損傷。西犯無一損傷，固是「倘幸」，中犯死了很多，豈是『大幸』。中西之間，生命的價值，有如此不同，難怪別人對於我們要賤視。以上兩點，雖屬小事，却是我們民的劣根性，抗戰聲中，該須自我檢點與批判，想來這些話，也不算過分吧。（周方——立報）

淞滬血戰面面觀

劉子清編

本書內容不僅注意前方的史實，且注意後方的變化。如難民的流離，敵軍中的不斷宣傳，戰的破壞，難民撤退後民情的激昂，都有寫得極充滿的記錄。

亞東圖書館印行

序

淞滬抗戰經過了九十日的苦鬥，我軍終於退却了。這退却非由於我軍士兵作戰之不勇，亦非由於後方青年之不參加，而實由於歷史遺債之重壓。歷史使我們在目前階段上比日本遲進了一步，於是我們不得不以血肉之軀抵抗敵人的飛機大砲，並不得不在敵人的砲火壓迫下而向後撤退。從艱苦犧牲中去求得民族的自由，是我們這一輩的中國人無可逃避的命運。

但這決不是說我們便無有了減少犧牲與克服艱苦的方法。淞滬的大戰明白表示：前方漢奸之猖獗，與後方民衆之無組織，都成了作戰的障礙，而救護輸送與醫藥設備之不周，又無限增加了受傷戰士的苦痛，並削弱了前線抗戰的力量。假如在當時，我們能組織所有後方民衆的力量，以作前方的後盾，能徵發有錢者的財力以救濟失業流亡，而充實各項的必需設備，則卽使我軍必須退却也不會退却得如此之早，卽使戰士必須犧牲也不至犧牲得如此之甚吧？所痛心的是這些要點，我們都未能作到！

1

2

淞滬我軍撤退了，戰士們已用他們的悲壯犧牲，給我們留下了血海一般的教訓。未完成的民族解放任務，須待我們繼續完成，我們應該秉承着先烈的教訓前進。我們必須打破一切障礙，把民衆組織起來，把有錢者的財力徵發出來，這是民族勝利的保障與捷徑。

一九三八年一月十日，編者。

目次

一 戰況一斑

二 空戰第一幕

1

三　五百孤軍的奮鬪

四　勇哉民族戰士

五 民衆的服務

六 砲火下的上海

七 難民與漢奸

八 敵軍中的反戰宣傳

九 兩幅畫面

一　戰況一斑

淞滬之戰自八月十三日起到十一月十日我軍退出上海市區止，共歷九十日。在此九十日中，我軍戰略之變化經過幾個階段，而士兵的英勇苦鬥，則愈來愈感人。『八一三』血戰已結束了，這結束並不是我們士兵的戰敗，而是歷史必然的結論，然而這場血戰將永遠成爲我民族解放鬥爭的最光榮的一頁，則已成了定評。

本篇所收各文，不但是以表現我兵士勇敢犧牲的精神，且着重於表明九十日血戰中我軍戰略的變化及各方的戰況。『突貫攻擊』各文，以嚴格愼重的態度，作戰事實況的描寫，將來必然要成爲民族抗戰的貴重史料。長江君的『憶夜戰場』一文，則使前線生活的輪廓與艱苦奮鬥的情況都活躍在我們的眼前了。最後殿以外報評論，以見外國人對這場血戰的觀感。

2

突貫攻擊

楊紀

今茲所述，雖僅爲追記上海抗戰史中光榮悲壯之一頁。但記者爲求蒐集此項史料，曾費無數周折。其事爲何，卽八月二十二日我軍攻克匯山碼頭之眞相也。

先是暴日侵滬之勢既成，駐防××之師，首先奉命馳赴吳淞江灣之線警戒。十一日下午九時二十五分，開拔之命令到達，卽以急行軍於十二日拂曉進抵目的地。十三晨戰幕既揭，該線我軍屢與敵戰，確察敵軍戰鬥力薄弱，遂決進攻之志。駐防××之師，亦奉派增援，於十六日到達，我軍××隊亦於十八日由××開來助戰。滿擬一舉而可廓清界內殘敵也。

軍學上有一術語：凡對敵正面之一部行突擊貫破，以分斷敵線者，謂之『突貫攻擊』，或稱『中央突破』。我攻匯山碼頭之軍，所採戰略，卽係如此。自二十日我西路軍由天德路挺進以來，疊有擴展。二十一日下午九時，我軍下令總攻，沿天寶路，公平路，舟山路，兆豐路等縱線向岳州路，東有恆路，鄧脫路，塘山路，百老匯路等橫線推進。東路軍亦沿華德路橫線向百老匯路突入，擬會師於怡和路一帶，進佔匯山碼頭，完成突貫攻擊之任務。沿途我行威力搜索，屢遭敵軍頑強抵抗，均被我軍奮勇擊破。二十二日上午三時，我軍以戰車五輛前導，步兵三營跟進，分頭向匯山碼頭突擊。戰車發其精銳之平射砲，連燬敵人機關槍陣地數處，並燬其工事頗多；步兵尤為英勇，以血肉之軀，吸收其重機關槍彈，前仆後繼，向百老匯路敵陣猛擊，終將其槍手射殺，並奪獲重機關槍一挺。三時前卽確實進入匯山碼頭陣地。傷亡慘重，而仍將該處敵人完全肅清，達成攻擊任務。日軍公然自讚之日俄戰爭時之奉天大會戰，其悲壯激烈，不及此役遠甚。其時岸上之敵雖潰，而泊駐江面敵艦則紛向虬江碼頭一帶下移，至其砲火射程線內，開始向我進入之軍轟擊。同時百老滙路東西兩端之敵，以楊樹浦及北四川路司令部為根據，向匯山碼頭會合。我軍鏖戰良久，敵艦以燒夷彈射來，房屋着火燃燒，敵機又以巨彈投擲。我軍損失頗重，燬戰車二輛，有兩連長陣亡，三輛受傷衝回，步兵一營生還者僅數十人，營長身負三傷，內有一連官兵伕均被燒夷彈焚死，尤為奇慘。此役犧牲十分壯烈，迄今追記，於英勇抗戰之傷亡健兒，猶寄無限之欽佩與同情也。

3

記者此稿，久已寫成，因求眞實，遂一再與參加此役之高級將領斟酌修改。惟彼此均在忙中，茲篇所記，不過述其崖略，翔實信史，自有將來專修戰史之人負其責。

（九月四日上海大公報）

4

戰場一角的鏖戰

胡蘭畦

上戰場去

說到戰場，這個圍着幾十萬人，血肉橫飛的地方，實在有點神鬼莫測，一般人對於它都像迷夢似地幻想着。尤其是我的十個小妹妹們，一聽到戰場兩個字，就恨不得生出兩隻翅膀，飛到那兒才好。

十四日接到幸之的電話，約好到戰場上去看×師長。這個消息給我的十個小妹妹聽着了，這個說：

『我要去！』那個也說：

『我要去！』

究竟帶誰去才好呢？當那二十隻眼睛睜得亮晶晶地望着的時候。

『亞芬和敏玉去。』我說，『這並不是偏心，因為值日是從小的派起的。』值日是守在家裏，大家都不願意，我們定了一個法規，從年紀最小的派起，她們已經當過值日，所以她們也有先上戰場的權利。這時八個人很歉然地都沒有話說。亞芬好像很得意地跳了起來，而且她說：『開心得咧！』我拿眼睛瞪了她一下，她把頭向下一縮，好像知道自己做了錯事一樣，一聲不響地溜到門前去了。

吃了早飯過後，我們的七個小妹妹照平常一樣活潑潑地出去工作了，為了我要出去，只好叫秦隊長妹妹留在家裏值日。不一會的工夫，幸之同中央社的王先生來約我們，我帶着亞芬和敏玉別了秦隊長就離開了我們的團部。

5

廣闊的天空，藍得和海一樣，一團團的白雲奔騰着正像大海中的浪花。金色的稻穗在漫無邊際的田畝中被太陽晒得發光。這種天然的色彩，簡直不是人工可以配合。

一路上我們快樂地說着，笑着。可是那軋軋的飛機很不客氣地要從我們的頭上丟下

6

幾個炸彈，我們看見着了炸彈的地方燃燒起來，而且冒着黑色的濃烟。

飛機飛到我們頭上的時候，我們馬上就分開藏躲起來。忽然我看見我們的王先生蹲在一個地方用雙手抱着他的腦殼，我掌不住大笑起來。我對他說：『最好請葉淺予先生添畫一副王先生上戰場！』

『哈哈哈哈！呵呵呵呵！』同伴們通通大笑起來。可是王先生一本正經地對我們說：

『不是，因為我怕我的眼鏡反光。』

『原來如此！』大家又笑了。

不是戰場！

沿路上好像萬事都沒有一樣，我們就專和王先生搗亂。其實王先生是很值得我們敬佩的，因為他是一個眞正的文弱書生，他能夠有勇氣到戰場上來，而且還穿着他那一雙不便跑路的皮鞋。再回想到那天他冒着雨踏了滿身泥污來到我們團部的時候，對他盡責任的這點上，我是敬佩他的。

路，好像無窮盡似的，一直走得王先生面紅耳赤，大汗長流的時候，才算走到了目的地點。

「奇怪得很，為什麼走了大半天已經到了目的地，我們都沒有聽着砲聲？」我正說的時候，馬上來了一個轟隆隆的砲響。好像是答復我一樣。

「這個是特別歡迎胡團長的禮砲。」幸之說，「因為×師現在剛剛才撤下來休息，此地離戰場還有相當的遠。」

「啊，原來是這樣！」我說時，兩個小妹做了一個怪象，她們想：「上了當了！原來這不是戰場！」

7　看見×師長

經過了一種簡單的手續，我們拿出了我們的證明書，我們在一間陳設很簡單，壁上掛着軍用地圖，桌上擺着軍用電話，安了幾把椅子的房內，看見了×師長。我從沒有看見過這樣一個文雅的軍人。可是他就是那個富有謀略，身經百戰的大將。

在×師長那裏，我們看見了×副師長。大家介紹了之後，我將何先生送師長的救傷包親手交付給他，他反身就回到房裏去取謝片。王先生趁着這個機會，趕緊就向×副師長開始他的採訪工作。副師長的態度非常從容，他很概括地把這次的抗戰從日兵上陸，羅店的幾進幾出，退守劉行以及現在蘊藻浜大戰的情形，差不多和報紙一樣的材料告訴我們。王先生很希望他再說詳細一點，但是×副師長說：『更詳細的情形，等一會請師長講給你們聽。』從他的說話上我已經認清楚副師長是一個很精明，很謹嚴，而且尊敬長官的好軍人。在他無形的尊敬長官的舉動上，我們並看不出他像孔夫子說的：『君在，踧踖如也』那樣的奴隸樣子。

我們來上上課堂

×師長從房內走出來的時候，王先生又忙着向他探訪消息。×師長微笑着拿起一根細細的，好像教鞭一樣的竹竿，他說：『好吧，我們來上上課堂。』我們幾個人跟着他走到地圖面前，眞像小學生一樣靜靜地聽先生講演。

『這是江灣。』幾隻眼睛跟着師長手上的臨時敎鞭落在地圖的一個點上。竹竿已經沿着這一個點往右上邊移動指到另一個點上。『這是吳淞。』他說，『本來我們的隊伍駐在江灣，奉到命令開一團人到吳淞去打上岸的敵人。第一次一營人傷亡了三分之二。第二次團長上去恢復了陣地，把敵人打退了。當天又奉到命令，叫我們去收復羅店。那時，敵人的飛機正在滿天亂飛，炸彈正在瘋狂地拋擲。』他手上的細竹竿從右角上的吳淞往下一拉，停在江灣的點上。從江灣點指到大場，沿大場那一條馬路線指到劉行，指到羅店。他又笑了一笑，這時我忽然想起了我的地理敎師。

×師長振了一下精神，『我們必須在飛機轟炸之下通過這樣長的路線。』他的竹竿又指回到原地來，他很鄭重的說，『因爲這是長官的命令，我們只有服從。我們以疏散的班排，兩排，四排，稀稀疎疎地前進，沿途被飛機追擊轟炸，死了兵士二十餘人。我和參謀長到劉行的時候，一顆炸彈正爆裂在我們的車子旁邊，却沒有炸着。到達羅店，
9 正是黃昏時節，我們立刻就以六縱隊進佔羅店。』他的目光又注意到地圖上面，而他的

10

臨時教鞭也隨着他的眼珠移到羅店的中心點，我們大家都很緊張地聽着他的下文。

『這鎮內，那時還有一百多敵人，打到天明，就把他們肅清了，還打死了幾十個敵人，奪獲幾十枝槍和很多重要文件。佔領羅店之後，隔了一天，又奉令進佔月浦，並要進攻獅子林。就將羅店交予×××師。我們剛剛佔領月浦，忽然敵人以大隊從後面又來包圍羅店，我們只得回兵迎擊。在羅店和敵人來往衝突了十幾次，大家都受了很大的損傷，第二天，我們撤後，敵人也退了。這時，我接到×××師的電話，叫我向揚行靠攏，當時，我想到如果這條公路守不住，上海就不能保守，敵人可以沿着公路把他們的鐵甲車，唐克車一齊開過來，衝破我們的陣地。所以我當夜就把我們的隊伍配置在這個地方。』他的教鞭又指到月浦和羅店中間的一個叫新鎮的地點上。他說，『在第二天，我接到軍長的電話，他說這樣安頓，正脗合他的配置。可是在新鎮，我們和敵人有過很多次厲害的衝突。』說到這裏，×師長的臉上，顯出很愉快的顏色。我們的精神，都被這位專門家教授吸引着了。大家都像置身在戰場上一樣。×師長一停他的講演的時候，十幾隻眼睛就像小孩子希望大人給糖果一樣，惟恐他不拿出來。可是我們的專門家教授，他是不會使我們失望的。他的話繼續地說下來了：

『我們奉到命令，又去包圍羅店的東南西三方面，在那兒我們一直就包圍了二十八天。』×師長把手上的臨時教鞭放下來，讓我們大家坐回原位，同時他自己也走到卓子旁邊坐着，可是他的話又陸續地講下去。

兩次悲壯的鬬爭

『在這次戰爭中，有兩件很悲壯的事情，可以特別告訴諸位。第一件是東林寺的大戰，東林寺是靠近新鎮不遠，三面都是水，地勢很高的地方，那兒可以窺探敵人的行動，也可以射擊敵人的要點。這個地方有一連人，守了一個星期，屢遭敵人的襲擊，班長潘玉林，有一次衝出廟外，用手溜彈打死了很多敵人。又有一次，敵人先用砲轟之後，再又用敢死隊衝過來。他們的人死來只剩了五個，我們的人也死得只剩五個，而且排長胡玉政還帶了傷。敵人有個中尉帶着幾個士兵，已經衝進廟了，胡排長開槍狙擊，可是槍打不響，他一時情急智生，就抓起一把挖壕溝的鐵鍬，打開了那個中尉的腦袋。

12

除了得到戰利品，還得到很多重要文件。』×師長的話，說得我們的眼睛都望着他的一舉一動。我們看見他臉上的肌肉，隨時都跟着他所講的故事的情景變動。說這個故事的時候，他的臉上早已是眉飛色舞了。

副師長，他一直都是帶着笑容很有精神地坐着，靜聽師長說話。

×師長又說死守×宅的故事了。他的態度表現得更是莊嚴，說到營長雷洪池悲壯地殉難的時候，我們更是肅然起敬。室內靜極了，只有×師長一個人的聲音。

『我們的×××團在本月二日的黃昏過後接守×宅，以及×宅南段的××宅陣地，主力構築××宅，××宅第二線陣地。可是×宅的地勢不好，工事也不堅，並且和敵人距得很近。當時，我們以第三營的一連佔領×宅東北陣地，第一營接×宅的右側。第二營為預備隊，安置在××二宅之間，第一營預備隊，初初加強×宅陣地的工事。其次就築××二宅之陣地，掘陣地上的交通壕。

『三日的早上三點鐘，有一百多敵人向×宅陣地夜襲。這次我們打死幾十個敵人，奪獲步槍十幾枝，擲彈筒等等。三日午前十一點鐘，敵人利用烟幕彈及砲火之掩護，向我進攻。又是一次壯烈的抗戰。敵人沒有達到目的，可是，一部份敵人，就在這天夜裏已經侵進了我們的外戰壕，從兩端潛進。

『四日，我們用手溜彈對着潛伏的敵人，猛烈地拋擲。打死了三十幾個敵人，奪獲很多有價值的戰利品。其餘的敵人，都逃竄跑了。連上留了一排兵力在外戰壕中，防備敵人接近。

『四日夜裏，該營又增派一排兵力在外壕，敵人又來襲擊。我們又打死了二十幾人。這時×宅北面陣地也有敵人去攻擊，又被士兵用手溜彈打退了。可是，這中間發現有東北同胞的口音。

『五日天剛亮，敵人向×宅砲擊，同時以重戰車三十幾輛，配合着七八百步兵，用廣正面向我第二營全面衝擊。這時我們第七第九兩連的砲火失了效用，只有用手溜彈擲放，卒被敵人戰車上的機槍和砲火所壓制了。第七第九兩連的全部官兵通通輾埋在戰壕中。當時雷洪池營長，左手負傷，仍堅持指揮四八兩連，拚命地和敵人的步兵作最壯烈的格殺。

13

14

『敵人的戰車像崩山的一樣，向我們的陣地轟輾，雷營長第二次負傷，在亂槍之下和陣地一同犧牲了！』

大家的神經都是在極端緊張的情況下聽着，幾乎連呼吸都停着地聽着。直到他的話停了的時候，大家才深深地吐了一口氣。

『這次的戰爭，我們沒有什麼特點，就是服從長官的命令。我們能夠和敵人這樣長久鏖戰，也就是能夠服從長官的命令。』

×師長的臉上，又泛出微微的笑容，我聽了他的話，看看副師長，他臉上的表情，也是從緊張嚴肅的狀態變回到微笑了。我們的兩個小妹妹，簡直聽小說的一樣，聽得出神了。

爲了要看大戰東林寺的材料，×師長他把我帶到參謀處去。王先生因爲要做有系統的特寫，他也去了。在參謀處去時，我們只看見參謀主任，才知道參謀長現還在病院中。

從參謀處囘到師長的房中，亞芬和敏玉正在高唱抗敵的歌曲。這些歌曲，都大受×

師長和×副師長歡迎。他們在軍中從沒有聽着這種悲壯的抗敵歌，而製造這些歌曲的人們，都是為了抗敵的戰士們製造的。所以結果×師長和×副師長都說要請小妹妹們去當士兵們的唱歌教師。

15 四川同鄉會救護隊真努力

吃晚飯的時候，說到我參加四川同鄉會救護隊在羅店楊行救傷的時候，×師長和×副師長，都非常稱讚四川同鄉會救護隊之努力，實在給了他們很多幫助。飯後，大家帶着滿意的笑臉，辭別了×師長×副師長和參謀主任。他們一直把我們送出大門外面，還給我們照了兩張照片。握別時，他囑咐我們常常去談。

歸途中，亞芬長長地嘆了一口氣。

『唉！大失所望！』她說，『要早知不是戰壕內，我還不願來啊。』

『難道今天聽了這多寶貴的報告，還不滿意嗎？』我問她。

『今天你們把抗戰的歌曲直接唱給抗戰的將官們聽，他們都受到很大的感動，而且又要叫你們去教授那班抗敵的士兵，這也就是你們今天的工作。』我的話還沒有說完，農村中的婦女都成羣結隊地跑到莊子外面來，追着看我們，因為我們上午經過她們的村莊時，她們都知道我們是女的。所以回來的時節，我們才走到村莊，好像通了無線電約的一樣，她們大家都圍起來了。今天雖然沒有到達戰場，可是在農村婦女們的心田上，已經給她們下了一顆奇異的種子。他們曉得了，原來女人們也可以穿起軍裝到軍隊中做事。至少這天夜裏，有很多人要大談婦女從軍的故典，還有很多的少女們，青年婦女們的心中也都在想，她們怎樣方能夠穿起軍衣來為國家做事情。我指着那些婦女對亞芬敏玉說：『看吧，這也是今天的工作，我們的一把小野火！』她們都快樂地笑起來了。

十月二十日（十月二十三日大公報）

血的故事

冰瑩

在矮小的平房裏，地上鋪滿了稻草，蒼蠅圍着有血跡的地方吮吸着，亂飛着，在房子的東角躺着一個頭部受傷，和左腿貫通的戰士。他傷的太重了，誰都担心他的生命不

17

能挨過今晚，然而他自己却很平靜，嘴裏雖然在不斷地呻吟，但當我們替他洗傷口換藥時，他並不大聲叫痛，只把眉頭縐一縐，說了一聲：『快點吧，我要睡去了。』

大約是下午六點鐘的時候，一連來了十二個傷兵，眞湊巧，他們都住在同一間房子裏。因爲有幾個傷輕的喜歡說話（有一個是我的老鄉，長沙人），於是我伴着他們坐在草堆裏，開始聽着血的故事了。

『你是在什麼地方受傷的？』我問一位個子矮小，看來有三十多歲的弟兄。

『東林寺。』

他回答着，目光炯炯地向我注視。

『這地名我今天才第一次聽到，你是幾時受傷的？』

『今早四時，天還沒有亮的時候。』

『傷的弟兄不多吧？』

『唉！我們傷的並不多，只是敵人的損失太大了！』

他帶着幽默的調子說着，我正想問他爲什麼要『唉』一聲時，躺在他右邊的弟兄却大罵起來了：

『媽的，你還憐惜敵人死的太多嗎？你準是漢奸！』

聽聲音，他是一個十足的北方老。

『同志，開口就罵人做什麼？你聽我說完再罵不遲。』

矮個子是四川人，說話還是那麼一副滑稽的表情，於是有兩位笑了。我也暗暗地欽佩他有資格做蕭伯納的同志。

『對了，等這位同志報告他作戰的經過吧。』我臨時冒充了主席，制止了他們的吵嘴。

『開始和日本鬼打的時候，我們的排長胡玉政用手槍就打死了十多個敵人，後來不知怎的，槍機忽然打不響了，他急得要命，連忙舉起鐵鍬來向敵人衝去，這一下，可真了不得，居然打死了他們的中尉排長。』

『好，痛快，痛快！』我情不自禁地叫了出來，他連忙接着說：

『且慢一點，痛快的還在後頭呢。我們有一個弟兄，他趕快從那位死排長的身上把白晃晃的刀抽了出來，亂砍一陣，又砍死了好幾個敵人。他們見我們來勢太猛，於是敗退逃去，不到一刻，突然大砲響起來了。喝，他們打的眞兇，如果是胆小的，嚇都要嚇壞了：一連打了百多砲沒有停過。但我們仍然冒着敵人的砲火衝鋒，這次不幸我們的排長受傷了！』

『唉！』

我輕輕地嘆息，他却並不理會我，只顧滔滔地敍述着：

『我們的班長見形勢太緊張了，於是打電話回團部請示，又調了一連人來，有個傳令兵潘什麼名字的，我一時忘記了，他一個人架了輕機關槍向敵人掃射，他們又死了三十多人。我們的弟兄看到敵人死亡的這麼多，胆子更加大了，於是放肆用手溜彈向敵人陣地的壕溝裏丢去。他們簡直無法抵抗。這一下又完結了他們百多條狗命，所以我說他們的損失太大了，哈哈哈！』

他笑着，我們也跟着笑。大家都高興得說不出話來。連那兩三位重傷的同志，也停止呻吟，來聽這個勇敢動人的故事了。

20

『還沒有說完呢。』他要那位坐在他左邊的同志替他點燃了香烟，因爲他的左手被炸傷了，失掉了作用。一縷淺灰的烟從他的兩隻鼻孔裏出來以後，他又繼續着像說書一般的打開話匣子了。

『大家都知道，日本人是最愛迷信的，他們因爲怕死，什麽人的身上都帶着一道符咒，以爲菩薩會保佑他打勝仗不會死的，所以他們對於中國的廟宇也特別尊重，從來不敢燒毁。這回在東林寺他們打了一次大敗戰，日本鬼恨死了我們的菩薩沒有保佑他，一場火就把東林寺燒個精光。』

又是一陣笑聲，把醫務所的人都驚動了。唐醫官走來望了一下，因爲得不着要領，陪着我們笑了一下就走開了。

『還有一次也很有趣味，』這回輪到我的同鄉王金生了，他是×團×營×連的上士，左腿受了傷，血還在流，但他好像一點都不感覺痛的樣子，很興奮地說着：

『前幾天我們攻金家宅的時候，敵人盡用大砲來打，我們一槍也不還，他以爲我們都死光了，就衝了過來。誰知我們都埋伏在戰壕裏，等他稍爲向我們陣地前進的時候，我們就一齊爬出來用機關槍掃射，一下打死了他們八十多個人。從此再也不敢來打金家宅了。還有一次，他們衝到我們的外壕來了，我們拚命開槍，他嚇得屁滾尿流，連忙鑽進戰壕裏面去，我們趕快用手溜彈打去，三排人全體被我們打死了，得了許多新式步槍。』

『媽的，日本人眞不行，聽到我們的槍聲就嚇得發抖。×××團的工兵營，有次被大砲埋在土裏了，他們爬了出來，臉上都是烏黑的，死了一個傷了一個，其餘的拿起槍來就向前衝，日本人見了這些黑臉將軍，嚇都嚇死了，還敢說打？』

又是另一個弟兄說的故事，引得大家都笑了。我笑得特別厲害，要不是在他們的面前，也許會笑得在地上打滾。

『日本人都是不中用的東西，我們一開槍，他丟了槍就往後跑。我們的機關槍有次被敵人的重砲打進土裏了，敵人非常高興，以為毀掉我們的武器了，誰知我們的弟兄趕快把牠挖了出來又打過去。』

21

故事越聽越多了，在黯淡的洋燭光下，我在小日記本上記載着我軍英勇作戰的精神。

『車子來了，趕快走吧！』

担架兵進來抬那個受了重傷的同志，其餘的都掙扎着站了起來，拿了自己的包袱向馬路走去。我送到門口，用親切的聲調歡送他們：

『同志們，趕快把傷口休養好了，好再上火線殺敵！』

『好的，過幾天再來找你們。』

他們走遠了，然而每個人說話的聲音和態度深深地印在我的腦海中。

一九三七，十，七夜（十月十八日大公報）

閘北退却記

楊紀

滬戰爆發前一日，記者在閘北區域乍遇我軍鬪士，橫槍阻途，英勇之氣，不可一世。使人回憶一·二八閘北失陷情景，誠不勝其悲喜交幷。八·一三後，不圖僅撐七十四日，大場忽焉失守，閘北江灣之軍，遂被迫而作戰略上之退却。五年前之悲劇，不幸今又重演。記者在現役中旅居閘北，甫二十日，遽爾於秋月蒼涼之夜，隨軍西走，當時萬感叢集，儼如中山路上之軍馬，喘息返館，不能自已，因拉雜爲記。

大場在軍事上之關係，記者業於二十一日本報闡明，且期其必守。蓋此處一失，閘北，江灣卽成四面受敵之地，故欲保守閘北，江灣，必以保守大場爲條件。惜大場守軍力薄，如此重要鎖鑰地，竟輕輕放棄。致使本月九日以來蘊藻浜南之血戰，盡付流水，第一道防線之守勢，亦因而打破。全在內線之閘北，江灣，其守軍不能不行戰略上之退却矣。

二十六日之晨，大場失守之消息傳到，閘北駐軍無不悲憤塡膺•午正卽奉『死守閘北』之命，全軍歡聲雷動，滿擬拚將頭顱，同作壯烈犧牲，不意下午九時又立卽來撤退之命。雖然令命如山，究竟人係感情動物，何況血性男兒，衞國鬪士，眼見此苦守數月之大好國土，卽將再受敵人鐵蹄蹂躪，豈不悲從中來。記者對於滬戰向抱樂觀，及遇如斯情景，亦不自禁而感慨唏噓矣。

23

深秋夜涼，下弦之月，遲遲不上，記者與偵察地形之參謀數人，繞道沿光復路向西徒步，隔蘇州河則租界燈火如晝，市聲漸息，以視吾人於黑夜摸索喘息不甯者，誠如天堂地獄。其時蘇州河北岸已有載滿輜重之舟，咿啞夜航，余等得乘艒艒船三艘，排水前進。過廣肇山莊河面時，清晰密集之槍砲聲，自波上飄來，流彈掠頂而過，墜入租界爆炸者，不計其數。河邊哨兵，荷槍露立，深暗之人體輪廓，由於遠處火光反映，呈出雄偉渾奇之姿態，實足表現我軍沉着勇敢之精神。余等在火車港登岸，輾轉始入交通路。時我部隊正陸續向西移動，在敵砲壓制之下，寂然穩步，大有不動如山之概。倘非素質優良，在退走時決難獲得如此成績也。既折而南，入中山路，敵砲數枚，射落左近田間，炸聲甚鉅。適我空軍飛至掩護，敵之高射砲，信號槍，探照燈竟鬧成滿天星斗。惟敵砲則停止射擊，避我發現目標，致受轟炸。我機繞飛數週，在眞如附近投下照明彈數枚，指示行軍目的地後，瞬卽飛去。地下部隊在任何環境下，仍用齊一步伐，埋首前進。此種精神，實爲中國復興之徵象。

記者因職務關係，至×××，不得不與同行之參謀告別，獨入租界趕回館中報告。惟因脚傷未愈，步履艱難，時已午夜，租界因戒嚴關係，均經闔戶，僱車不得，踽踽於途。幸遇一九三號西捕，深表同情，載送記者至靜安寺雲飛分站，得一貼有通行證之車，風掣而歸。

回憶閘北於一·二八失陷時，敵獲之可利用漢奸胡立夫等進行傀儡組織者，此次閘北之難民，均已跟隨部隊全數退走，決無胡立夫之流再生。敵在政治上得閘北毫無用處。

閘北市區已受敵數月轟炸，幾成焦土，敵今晨侵入時，又縱火搜索，房屋被燬，損失不貲，據點喪失殆盡。敵在軍事上得閘北毫無用處。

閘北經數月之轟炸，夷為瓦礫之場，工廠堆棧之貨物，如非運盡，早即毀壞。敵在經濟上得閘北毫無用處。

記者今晨再赴租界沿邊遙望，則閘北火舌四起，黑烟瀰天，其中尚有槍砲之聲，顯係我軍掩護部隊尚未退盡，以致再起巷戰者。入夜烟火之勢，直干霄漢，焦臭之氣，數里可聞。嗚呼閘北！誰其使汝受此荼毒者！

二十七日晚寫（十月二十八日大公報）

25

憶夜戰場

長江

閘北退兵了！就全戰局說，沒有重要關係。而從前我們不便發表的地區景物，現在已全成過去，可以任情的講了。我們的過去戰場情緒，是不應該敗的！

在制空權喪失了的戰場，西半球對着太陽的時候，才是我們將士飛躍活動的時間。我們戰地新聞記者的活動，也不能不是主要的在夜間。飛機啊！最初發明你的來特弟兄，是打算拿來屠殺人類的呢？還是被不合理的社會錯用了呢？日本飛機每天幾十架在上海附近戰區投炸彈，打機關槍，然而飛機是日本民衆的血汗之積累，炸彈是日本國民應有的生活享受被削的創痕，日本國民果何曾有對中國人民有不可解的寃仇，而忍將其辛苦經營之成果，不用之於自己生活之享受，而用以無情的屠殺中國呢？

屢屢在夜間出入戰場，租界中繁華奢靡的市面和租界外悽涼慘暗的情形，使人發生兩個國度的印象。在一個強有力的國家勢力所及的土地上，那怕是只有一面國旗在那裏，而且不管對於那塊土地的統治權是否來得正當，然而侵略者對於那面國旗後面所代表的力量一加考慮，就不能如對付弱勢國家的為所欲為了！

僅僅有少數外國兵崗位的裏外，就是平和與戰場的分野，我們數十萬的將士在這幾個外國兵崗位外面日夜和敵人的飛機大砲鏖戰，我們千千萬萬的人民每天在日本兇殘的轟炸政策下過活。全國戰場上，經過每二十四小時的戰爭，不知道有多少壯烈的傷亡，我們非武裝的城市和鄉村，也不知道有多少被破壞，我們的經濟文化的中心，不能在我們自己力量保護之下，建立在我們的後方，相反的，我們的若干重要的活動，都是寄託於租界。

謝謝『一二八』的恩賜，我們能建造成功一條閘北和南市聯繫的中山公路，這是我們繞過租界通於上海南北的軍事交通要道。『八一三』以後的軍事運輸，中山路仍然作成功不少的供獻，可惜我們沒有在『一二八』之後，眞眞實實的把上海附近非外觀的武裝起來，這樣堅固的虬江碼頭，而今作了日軍登陸的便利交通點。市中心區裏面富麗堂皇的大禮堂，和圖書館博物館等輝煌的建築，在百孔千瘡之餘，還作成了方便敵人防禦

27

的據點。就是這條中山路也沒澈底改造，使之配合於大量軍事運輸的需要；上海僅僅兩個多月的戰爭，中山路已經當不起繁重的運輸而凸凹不平了！

話又說遠了，當熱河戰爭之後，塘沽協定已經把河北平原的國防完全撤銷之後，平津實際已經進入敵人的虎口。民國二十二年以後，北平若干高級文化和教育機關，還在那裏大吹大擂的從事於高大洋樓的建造，數萬和數十萬之代價一座的新式建築，接二連三的出現於古老的文化城中，其意若曰『加強國防第一線上的教育設備』，到今天已道道地地的作成了日本軍隊的兵營！

國家在經濟文化各方面，需要不斷的建設，這是一點不錯的，但是建設的目的當然是爲了我們自己國家的利益，當我們處在強鄰環伺，國家生存根本感到威脅的時候，我們最切要的工作，是如何保護我們的生存，就是國防應該是第一。明明知道我們沒有保護力的地方，而復談物質建設，結果不但浪費了艱難的國家財力，痲木了民衆意識，而且在客觀上給予了敵人以便利！

夜間的前方，無論村莊和城鎮都很少見有普通居民的活動。眞如，南翔，閘北，北新涇一帶的一般民房，破敗得零亂不堪，有的是沒有了牆，有的是塌了屋頂。有一天晚上，我去看過一所被炸的療養院，這是一所鋼骨水泥建築的近代醫院，日本飛機把他炸得亂七八糟，只剩了片段的牆壁，悽涼兀立在月色朦朧之中。

白晝完全不能活動的戰場，這數十萬英勇將士的攻擊，築工，飲食，運輸，補充等，都全靠着夜間來活動。我們的交通工具太簡單了，很難在一個短短的夜間，能滿足我們戰場上一切的需要，特別是將士們的私生活方面，太沒有照顧的餘裕了。需要刺激了供給，於是在好幾處破爛的村鎮上，發現了軍人或者勇敢的商人在夜間開市的雜貨店。罐頭，香烟，火柴，糖果，肉類，燒餅，花生，……凡是足以增加生活興趣的東西，幾無不應有盡有。在壁穿頂漏的破屋中，一枝魚油燭的光輝烘映着這樣雜貨商攤，人影幢幢的都是些衣服污濁，面目辛勞的士兵和夫役。如果在傷兵轉運站的附近，輕傷的將士，常常是這些商攤的照顧者。

29

在夜間本是敵人防禦的時間，然而他們的砲兵仍然不完全停止活動，他們估計着我們增援部隊必經的要路，不斷用空炸砲彈射擊過來，希望殺傷我們的人馬，阻滯我們的

30

援軍，所以要路口的上空，總是『轟！……嘩！……』地經常遭受敵人的砲擊。然而據經驗所得，這樣砲擊的效力太小了，『轟嘩』了半天，只讓日本民衆的血汗，毫無代價的拋擲在中國領土上！

中國人對於『死』的觀念，似因民族革命戰爭之爆發而與昔不同。洛陽橋是我們前線一個夜間運輸聯絡站；在一天晚上因爲汽車擁塞，電光過巨，被日本打中了好幾砲，炸壞了十幾個人，其餘的人仍然很鎮定的安置了傷亡，繼續做轉運，賣買，救濟，分配糧食彈藥等活動。

中國古時用兵，形容夜襲軍隊，往往用『銜枚疾走』這一句話，意思是人不叫馬不嘶的兼程前進，以襲敵人。這次上海戰場上我們軍隊的運動，全在夜間，後方到前方的生力軍，和前方回後方休息的辛勞隊伍，沒有不是魚貫而行，了無聲息的。

有一晚，我們去看×××先生，他那時的指揮所是在大場南面的孟家木橋，那裏是陶行知張宗麟諸先生所辦工學團的校址。戰爭以前，我在這鄉村裏和幾十個艱苦讀書的少年見過一次面，他們是那樣的天眞活潑和健壯，其中有幾位小弟弟，對於較深的政治分析，也能聚精會神往下聽，聽到樂觀處，他們是那樣的興奮，聽到困難處，他們是那樣的憂心。然而我第二次到那裏，已經是庭園冷落，人物全非，村口有雄威的哨兵問口令，屋內已掘成高厚的防禦工事，舊日課堂，已成參謀業務室，舊日少年們歌唱之地，而今是赳赳武夫踱步之場！敵人的大砲不斷的在天空中轟轟炸響，機關槍在村外又是咯咯的作聲。

當大場戰局正緊，滬太公路上退下來一些士兵，他們一時脫散了隊伍，然而他們異常安靜的休息在公路旁邊，靜待他們長官的安排。老實平和壯健，情緒上他們是已經進入了近代軍隊的水準，震天的砲火，似乎對他們已經沒有什麼刺激。在沉默中隱然表示着不可侵犯的力量！

中國軍隊的編制裝備訓練，還沒有完全統一，這次在上海作戰的軍隊之複雜，為中國過去戰爭史上所未曾有，幾乎全國軍隊都混合使用到上海來。然而大家相互間的『同志之愛』，是異乎尋常的感動人的。經驗較少，器械較差的部隊，如果調到激烈的戰場上，原來已經撐持正猛烈戰鬪的隊伍，一定告訴後來者以種種實戰經驗，請他們注意。

31

32

有一次，某師接防大場西北，前面已經犧牲很大的部隊，恐怕他們新來的同伴，經不起敵人砲空的恐怖，先請他們在第一線後方見習兩天，自己仍然苦撐下去。至到已經有點把握，才把防務交代過去。

傷兵的情緒，仍然很好。每一個傷兵轉運站都聚集若干輕重不等的傷兵，靜候着救護的車輛。救護隊的人員在他中間照料着。他們受傷以後，行動還是有秩序。在前線最勇敢的救護隊，要算僧侶救護隊，其次要算四川旅滬同鄉會救護隊，他們無聲無息的在前方埋頭工作，能深入第一線救護傷兵，得着前線將士深切的愛戴。只是在十月二十一和二十二兩夜的總攻，我們於崩潰日軍之後，自己的傷亡亦大，眞如車站以西至南翔崑山之公路上，幾於每一岔路口，每一村店，每一橋頭，皆集結衆多之傷兵！我們救護組織太無力了。實際工作的人沒有多少，車輛也太不夠，於是這大批突然增加的傷兵，擁塞途中而無人救護。三十二十傷兵一堆，十個八個一團，輕傷的帶着鮮紅的血跡，彳亍步行。打傷腿的只剩了一隻脚，有不少是扶着手杖，一跳一簸的前進。完全不能行動的傷兵，只有躺在大道旁邊，無可奈何的呻吟！慘烈的戰鬥受傷之後，又遭受到這樣悽冷的待遇，傷兵們自然不能忍耐了。我們的車在廿二日夜間過南翔赴崑山，沿路皆爲傷兵所阻，他們爭欲登車。然而車上所能容納的人數太過有限，他們於是想爬在車的旁邊和車的前面，然而這輛小車在那樣破爛的路上，如果過份的負担，只有大家不走了。因爲我們事實上不能不婉謝很多勞苦功高的受傷將士，他們於是乎動怒了。幾乎沿途都有傷兵用木棍打我們的汽車，打得我們無限慚愧！無限悽愴！因爲他們這樣英勇的爲國家和敵人拚命，受傷之後，我們不能有完善的救護組織，迅速的把他們救到安全的後方，減輕他們的痛苦，這是我們政府和人民對不起忠勇的將士。在他自己立場上看來，我們爲國家這樣的犧牲，現在弄得生不生死不死的流浪到悽風涼夜的公路上，你們這般坐汽車的人，平日已經夠養尊處優的了，到這樣一個悲涼的場合，你們的汽車還不讓我們坐坐，救救我們的痛苦，似乎也太該打了！誠然他們不明白我的車是什麽任務，不原諒我車的容量，然而他們這種棍擊的行爲，是表示抗戰軍人對於後方有救護責任的人們的抗議！

33

這個眞眞實實算『打死仗』。敵人的砲兵把我們的村莊當銅牆鐵壁來攻擊，一個村莊動輒打幾百砲，他們的『區間射擊』，使我們沒有一塊地方能幸逃敵砲的摧殘。我們前線土木材料簡單作成的工事，被他們打得天翻地覆。然而我們的將士仍本堅定如山之抗敵意志，繼續前進，無窮盡的未死者，很快的補上了已死同志崗位，永遠有新的力量抗戰衝鋒！當敵人猛攻蘊藻浜西南的塘北宅和陳家巷一帶之夜，在洛陽橋附近的×××先生的指揮所裏，有幾位年輕活潑而篤實的參謀，異常安詳的和各方用電話連絡。洛陽橋以北的機關槍聲，『咯咯咯……』的組成一極廣大範圍的音樂隊！單拿他直轄的軍隊來說，那時已經一聲不響的補充了三次了。塘北宅本是一連人的陣地，我們在塘北宅却犧牲了九連人！一連打完了，再上去一連，直到一團人都完全犧牲在這一小小村莊上，日本的砲彈和炸彈不知在那裏放了多少。我在崑山聽到朋友說，守塘北宅那團的團長原來是舊友許良玉先生，他只剩了一個光棍到蘇州去接收補充兵去了。

打死仗的壯烈現象，幾乎全部戰場以及各部隊都是如此。我們很可以驕傲，很可以自信。但是回到××看看後方對於傷兵的待遇，不禁有幾分愴然！傷兵們千辛萬苦的回到××，而在××的醫院只有兩個，一個是救濟委員會的第一醫院，由上海東南醫學院

35

師生主持，他們人少傷兵多，整天忙不過來，裏面住滿了傷兵，有些夜間還沒有禦寒的被褥。送給他們的飯菜，上面全佈滿了蒼蠅。手術室內斷脚殘手的慘象，讓人憤怒到帝國主義侵略戰爭的殘忍！我們去那一次，醫院門口還有沒被收容進醫院的傷兵。有一個是打傷了腹部，衣服褲腰被血水泥土的混合物膠成了不忍久視的一團，他的全部下身，鞋襪綁腿和灰布褲上，整個的是剛從有水的戰壕和河溝裏面拔出來的模樣，泥水還濕潤糊在下半身。他已經毫無血色和毫無力量的靠臥在牆邊，秋風捲夾着塵土無情地在他臉上吹過，似乎只有慈祥的日光這時才慰勞式地給予他相當的温暖！很難令人滿意的，是這裏那所官辦醫院的荒唐，他們的規模遠比這裏為大，而他們的工作是『韜光隱晦』唯恐傷兵找着了它！一所醫院的後門外，那時正停放着死傷兵的担架，一個死屍從蒙蓋他的破軍氈下面，橫伸着一隻緊握拳頭的蒼手。大慨對於殺敵未完身先死，表示不甘心，而對於後方救濟機構的腐敗，似亦有無限的憤慨！

（十月二十九日大公報）

36

外國各報熱烈讚揚我軍英勇

十月二十九日倫敦泰晤士報社論，對於上海戰事之最近一幕，有所論列，略謂『日軍欲使上海華軍局部而有計劃的退却變爲總潰散，殆將感力盡精疲之苦。日軍之最大與唯一目的，在摧毀中國陸軍，使之不復有堅強有效之戰鬭力。苟無以達此目的，則土地縱有所得，亦無多大關係。以目前所知，日軍殊未有趨向此目的之進步。日軍縱已殺死華兵二三十萬人，其中或不乏南京所統率之精銳，縱謂上海戰事此後不再延長，然上海之十週血戰，將有一日證明其已安置中國從來未有的兵力基礎矣。中國軍人現已從滑稽故事之迷霧中脫穎而出，此爲近世史中之第一次。雖中國軍人大部份現猶訓練未充足，武裝未齊備，並因無力置備雨衣，猶攜傘與俱，然扼守人所認爲不能支持一週之陣地，竟至十週之久，而其退却也，在任何新式陸軍不能抵抗的猛烈砲火轟炸之下。吾人於此，將見上海華軍之抵抗，將在中國各處發生精神上影響，不獨今日如是，卽在將來亦然。』

37

上海英文大美晚報廿八日晚社評，題為『勝利安在』。原文略謂『華軍經七十六日之浴血抗戰後，閘北不可避免之撤退，終於實現矣。世界人士對華軍固守閘北若是之久，均表驚異。誠然，華軍威武不屈之恃久力，與夫如火燃燒之愛國熱忱，已經過一度光榮之試驗。吾人目覩一九三七年閘北華軍之英勇抗戰精神，于吾人腦海中永留深刻之印象。此為日本之勝利，而實非眞正之勝利也。溯自滬戰發生之初，本報即指出揚子江沿岸難以久守，蓋進犯者可利用軍艦砲火轟擊，雖有堅強守衛軍隊亦難固守。於一九三二年滬戰時，日軍得迂迴側擊，致使英勇之十九路軍撤至內地。此次華軍陣線較前為長且強，日軍側襲已不可能，但華軍陣線卒以北站為樞軸而移動。雖經較長時間之抗戰，終亦造成撤退之結果。華軍兩次最終退出北站者，非由於日軍之直接進襲，而因日軍突入西北區域，使華軍有被截斷之虞，有以致之。華軍作戰之奮勇，空前未有，足永垂青史，而閘北孤軍之死守，尤為世人所推崇。茲者尙需數日，始克明瞭雙方之戰略，蓋此次局面與一九三二年迥然不同，彼時華軍撤退後戰爭即告終止，而此次則戰區益形擴大，而戰事亦必更形激烈也。（中略）雙方血戰，已兩月有半，蒙重大損傷者厥為非戰鬬人員，此爲日本瘋狂帝國主義者在中國境內進行侵略行爲之收穫也。日本企圖覓求友誼，反招致中國人民之仇恨，尋求商業上之繁榮，反而耗費數百萬之軍費，此後二一次之進攻，當亦難有多少愉快之結果也』云。

二　空戰第一幕

沒有空軍參戰，我們等於抱着臂挨打，有了空軍參戰，等於我們挨人打時能夠還手。八一四上海外灘我國空軍的作戰，是我們挨了幾年別人的耳光而第一次還手，是我國空軍對外作戰的空前一幕。則這一空戰之引起我國民衆之無上興奮，並值得大書特書，是當然的了！自此以後，我空軍不斷飛前線作戰，至使敵軍戰區夜不敢開電燈。空軍戰士閻海文之壯烈犧牲，則是可歌可泣的，因附以大鼓詞。

當第一幕空戰表演時，正是我軍猛攻滬東日軍根據地時。滬東的幾十萬同胞都正受敵人的壓迫向蘇州河以南的租界裏逃生，所以外灘一帶滿馬路盡是難民。但他們毫無怨恨，他們並爲這一幕空戰所震動，把破家失產的痛苦一旦都拋到雲霄了！這是何等動人的民族精神！

空軍，全中國的眼睛都望着你！

陳　毅

——記八月十四日午後三時——

午。

太陽逃進了雲端，大地被砲聲震得發昏了。

街上，人們蠕動着，擁擠着，但看不出一點頹喪，雖然他們拋開了他們的家，流浪在街頭，把生命交給太陽，風和雨，可是他們並不怨恨，他們明白，這是爲了祖國的生存。

39

早早就聽到我們的空軍出動的消息了，是的，這消息使每一個關心祖國生存的人興奮，壓抑在心中的憤火，已經整整地六年了，六年來，我們吃飯，走路，甚至只要有出錢的機會，我們總出了幾個爲建立空軍而繳納的飛機捐。

爲了過分的興奮的驅使，我和朋友凌在剛過午就到街上去。街上的情形完全不同了，爲了避免敵人殘酷的砲火的攻擊，我們的同胞却不能不忍痛離開他們安樂的家，走向那茫茫的洋場大道，睡馬路，睡弄堂門口，只要可以容足而不被驅逐的地方。縱然這樣的日子過得很長，只要日本軍從此被趕走，可以換得祖國的生存，他們是情願的。

大概就因了這個吧，雖然到處看見那些匆匆的脚步，到處看見那些像蟄伏着的蟲，然而他們的面孔是笑，他們三個五個一起指手劃脚的在談，還有人熱心地看着號外，看到中國軍勝利的消息，就情不自禁的會跳起來。

『這不是簡單的呵！』當我和朋友走到外灘的時候，我禁不住這樣的叫出來了。

平常外灘，我們聽見的是『唷喲，咳喲』的聲音，人們像牛馬一樣的接二連三的馱着那些從海外，從內地運來的貨物。現在不同了，人們都閒散着，也許比從前更擁擠；歡呼，低語代替了『唷喲，咳喲』的聲音，巡捕先生也客氣多了，看見中國人就笑。人們的眼睛都朝着那隻叫『出雲』的兵艦看，忽而又看看天空，希望有幾架飛機來投下幾個炸彈，把牠從水面沉到江底。

『這簡直是瑪德里嗎！』朋友忽然這樣向我說了。

是的，中國人能夠這樣沉着的來看敵人的砲火，而不覺得懼怕，這種精神確確實實是瑪德里的精神。

之後，我們就往外白渡橋那邊走去，朋友深以沒帶『派司』不能進公園去清晰的看敵人爲憾。

這時空中已經有一架飛機在飛旋着，最初大家心裏都想『這該是中國的飛機吧』，但事實馬上就是一個反駁，爲什末日本兵艦不開砲射擊呢？這證明是敵人的飛機無疑了。正想到中國的飛機應該來吧，果然的，從西南邊飛來一架，朋友正拿着人家的望遠鏡在看，並且說：

『不是，翼下沒太陽。』

話還沒說完，『出雲』艦上的高射砲響了，隨卽機關槍就往外灘這邊的人羣掃射，人們雖然狂奔，但還是興奮，有的已經被擠倒在地下了，還在叫：

41

42

『中國的飛機。』

我自己聽到槍聲並沒有從耳邊來，我斷定還是高射砲在響。我的心也比較鎮靜起來，我還想擡起頭去看我們的飛機是怎樣的在和敵人決戰，但是後面的人跟我一推，我被推進草地裏去，朋友從我身後失去了。

我爬起來想走，我的眼鏡被擠落在地下，我俯身下去拾，人們又跟我一推，我就離開我的眼鏡好幾尺遠，還想回頭去拾，已經來不及了，人們的脚已經踏在我的眼鏡上。我只好犧牲我的眼鏡了，同時天空的槍聲也更加密起來，飛機在煙霧裏忽隱忽現，這是正在戰鬥呀！

戰鬥，空軍的戰鬥，在中國——特別是在對外來的敵人，這還是第一次。

（八月十七日立報）

飛將軍李成榮

昨天下午，細雨濛濛中，記者送別了一位傷愈出院的飛將軍歸隊殺敵，這位飛將軍的名字叫李成榮，我初會到他的時候，是在××地方的醫院裏，還有一位和他同時受傷的劉志英同志，他們都是廿五歲的廣東青年。

那時他們已經四十多小時沒有休息過，所以精神現着疲倦的樣子，但他們却興奮的講着他們殺敵的經過情形：

『我們兩個，駕着一架輕轟炸機，由根據地出發，下午七點三十分左右到了上海。這是我們熟諳了的一條路，毫不遲疑地，直飛楊樹浦平涼路，在敵人陣地的上空偵察了好久，找好了目標，測準了距離，敵人還一點不覺得，他們正忙着向浦東發砲……

『十顆炸彈，我們一個個地擲下去，從上面看得清清楚楚，房子燃燒起來，砲位都掩埋在炸彈的濃煙裏。我們完成了任務，踏上歸途，機後空中發現了一條條的探照燈光，高射砲的火花，信號。我們笑了。在廣大的空間，燈光槍砲，到那裏去找到我們呢？

『當飛至××附近，突然迎頭飛來三架敵人的驅逐機，原則上，轟炸機在可能範圍內，是要極力避免戰鬥的，何況又是『三對一』？所以我們不得不逃避。但敵機的速度

44

大，我們卒陷重圍。他們開機關槍掃射，我們一面把飛機旋轉着躲避敵人的射擊，一面找機會還擊。經過二十分鐘激戰，敵人終于退了，我們繼續我們的歸程。但是飛行不久，引擎停了，被迫降落在××附近民田裏。

『機身翻在地上，劉同志在前座操縱，胸部壓傷，我在後座傷勢較輕些，頭部腿部均受微傷……』

在第二次記者去探望他們的時候，他們已經好多了。

昨天李同志離開醫院的時候，很堅決的對我說：『這些天，我看到了敵人在我們大上海上空肆意暴行，我氣憤極了，決計以轟炸來回答敵人的轟炸。』

（十一月三日立報）

我空軍戰士閻海文壯烈犧牲之一幕

八月十七日，我機三架，轟炸敵陸戰隊司令部。敵高射砲密集射擊，我機一架，不幸受傷。航空員閻海文立用降落傘下落，但仍墮入敵軍陣地，被敵包圍。閻即出手槍斃敵數人，至最後一粒子彈，向太陽穴自擊殉國。此壯烈犧牲的史實，日本各報均以大字刊載。八月卅一日大阪每日新聞，亦詳載此事，對此勇士，深致欽佩意。文學家趙景深以大鼓詞歌頌此一幕壯烈犧牲，詞如下：

閻海文

趙景深

中日戰爭捲風雲，一鳴驚人我空軍。衆多將士都不表，單表一位閻海文。若問他祖貫本是遼甯產，剛直寡笑衆所欽。今年纔只二十有二歲，滿腔的熱血滾沸騰。自從敵人鐵蹄踏破了瀋陽地，接着是東北四省失陷，他只得拋家棄產負笈赴北平。他咬牙切齒要報那家國仇恨，時時刻刻掛在心。眼看着一二八我軍失敗了，感覺到沒有領空，想守領土萬不能。新式戰已從平面變爲立體，要殺敵必須咱們飛將軍。因此上壯士去考航空校，萬人之中榜上奪魁名。從此得遂平生志，一心一意學飛行。睡夢之中還念着長官訓，横滾轉，加油門，推機頭，速度增，慢慢將方向舵拉到極左，慢慢將升降舵按到極下，再用反動作回覆不暫停。光陰迅速來得快，幾月之內技術精。恰遇到上海大戰日軍進犯，我空軍凌雲作戰顯威能。十七日我機三架往轟日軍司令部，這其中就有咱們閻將軍。三架飛機騰空起，直飛到千尺以上入層雲，風馳電掣來得快，早來到北四川路底海軍陸戰大本營。日軍得信驚惶甚，高射砲聲響不停。閻將軍想起了東北山河被蹂躪，想起了自己背井離鄉好悽淸。這一回一定要報仇雪恥，接連的炸彈向下扔。四周圍銅牆鐵壁難毀壞，裏面一齊着失像火盆。到這時壯士纔揚眉吐氣，不提防高射砲彈中機身。閻將軍慌忙架起降落傘，誰料到竟落在敵軍營。日本軍中快傳令，上前包圍要生擒。壯士渾身都是膽，忙將手槍手中擎。扳動機鈕連幾響，砰！砰！砰！大發神威打敵兵。敵兵一個一個應聲而倒，最後僅存，一粒子彈，太陽穴上，自擊一槍，壯士就此把命殞。消息傳到日本去，大阪紛紛上新聞。不單是我國人士齊掉淚，就連那敵人也把他來欽。木村毅說起中國已非昔日比，閻將軍壯烈犧牲，一場大戰驚天動地泣鬼神。正氣浩浩垂宇宙。壯士英名振乾坤。

三　五百孤軍的奮鬥

大場防線被敵人突破後，我軍不得不放棄閘北與江灣。但有五百戰士，爲了掩護大軍的退却，便決死保守住蘇州河北的四行倉庫，孤軍獨鬥。那種英勇的精神，叫上海的三百萬中國人與外國人，無不致其熱烈的欽服。中國人能叫日本帝國主義征服嗎？五百壯士齊聲答道：『決不能！』在他們的英勇精神籠罩下的上海三百萬市民，也都齊聲答道：『決不能！』五百孤軍的奮鬥，雖然事實上不是淞滬血戰的最後一幕，然在精神上確可說是淞滬血戰的最後一幕。因輯此篇，以誌景仰與紀念。

47

我忠勇孤軍決死守最後陣地

堅守閘北四行倉庫的我孤軍一營，英勇悲壯的作戰精神和業績，可與寶山姚營先後婉美，已引起全市民衆關懷，也已使舉世震驚，深切同情，將在我抗戰史上，留着不磨不朽的最壯烈光榮的一頁。

孤軍一營屬八八師×××旅×××團，八一三的一天最先開入閘北，扼守天通庵陣地，但七十五日來該營始終堅守，未稍退却。到廿六晚上，奉令担任掩護右翼撤退，以最先到達陣地的部隊，作最後的撤退，該營認爲無上光榮。前晨四時，右翼撤退完畢，該營以等候撤退命令，與全軍失却連絡，該營五百多人，乃以四行倉庫爲保衛閘北最後的依據，與敵作最後抗爭。

四行倉庫（四行信託部滬分部倉庫）位置在西藏路西，烏鎮路東，北接國慶路，南沿光復路，瀕蘇州河，樓高七層，前後兩進，東西三開間，全係水泥鋼骨築成，三面厚牆，僅南面有窗門，亦皆鐵製，決不致失火，也非千百砲彈所能燬壞，此刻我忠勇將士已在門窗前高堆沙包，以鐵絲網圍繞，憑樓頭架槍堅守。堆棧内救火工具非常完備，所存貨物多係未硝製之皮件，青豆及小麥亦甚多。

前晨六時後，倉庫西北即被敵人包圍，二日來，敵少數部隊屢次企圖攻擊，終未得逞。記者昨天竟日踞西藏路高樓用望遠鏡瞻望，見堆棧五樓及樓頂我二五英勇戰士尚從容上下，英姿爽然，此情此景，眞使人肅然遙致民族解放的最敬禮。守衞的戰士見樓下敵蹤，卽以手溜彈，步槍，機槍轟射，予敵以迎頭痛擊，使不敢迫近。昨天敵襲攻數次，均被我軍擊退。昨晨敵機曾飛至上空盤旋窺探。

此五百忠勇壯士，雖處於烟火籠罩敵兵四伏之危境中，不但抗戰情緒萬分熱烈，而意態亦至從容。昨晨駐防該處之英軍，曾再度勸告我忠勇壯士，卸去武裝，退入租界。壯士們對英軍好意，雖極感激，但彼等已決定死守可寶貴之最後陣地，拚最後一滴熱血作最光榮之犧牲，故又堅決謝絕。

該營士兵前夜有人爬行至××××，交出信件一束，全爲最後遺囑，與父母妻子訣別，並囑善自謀生，這種壯烈的犧牲，眞可以驚天地而泣鬼神了！

前晚六時半，該營發出壯烈呼籲，向本市各界要求接濟『糖，鹽各五百磅，光餅五萬個』，並聲明與敵死拚七天，則死無可憾。所以昨晨起，本市各公團及市民紛紛踴躍捐輸；×××已收集大批食物，設法送往接濟，北西藏路附近駐守英兵也多以罐頭食物贈與。此外美僑德僑多購辦大批食料，轉贈慰勞。

昨天下午二時，××押慰勞品車駛經西藏路口，被路人攔阻，自動購水菓食物投贈，將卡車裝滿，囑轉送浜北。現悉該營尚需醫藥用品，盼速接濟。

西藏路橋堍，昨終日集聚大批民衆，遠望浜北情景，對困守孤軍備極關切。但願我五百壯士與我閘北呈國土永存。

閘北我守衛四行倉庫的孤軍一營，堅守已達第四日，五百壯士還是五百；敵三日來屢次進犯，終未得逞。如此壯烈抗戰行爲，已使全世界敬佩，爲我國增不少光榮。昨天清晨，壯士們將市商會獻贈的大幅國旗在倉庫屋頂用旗桿掛起，使浜北一角還飄揚着一面青天白日滿地紅國旗，昭示外界，中國戰士還在閘北，與國土國旗同存。本市中外人士，昨晨有數千人趕往西藏路泥城橋堍及新閘北區中向浜北遙望，瞻仰我國旗及忠勇將士。我戰士昨竟日活躍樓頭，果敢殺敵，隔岸羣衆感動流淚，還有不少人同聲大呼：『中華民國萬歲！』自朝至暮，浜南各處瞻望羣衆，約達三萬餘人。

敵人昨日仍屢次猛攻，曾數度架平射砲向倉庫西北烏鎮路處射擊，但庫牆堅厚，毫無損傷。又上午三時及七時十分，下午三時三刻及五時廿分，敵曾四次由西面沿光復路至倉庫正面進襲，均遭我壯士高踞樓頭以機槍手溜彈擊退。下午三時三刻一次，敵人有百名左右，匍匐而至，結果不待仰射，已受彈雨掃射，擊斃四十餘名，倉皇逃竄，遺尸由警犬啣去。下午五時廿分，有敵海軍陸戰隊駕汽艇兩艘，攜機槍多挺，由蘇州河西駛，企圖在倉庫正面攻擊，駛至老垃圾橋附近，經防守該處的英軍阻止，計未得逞。同時倉庫上空有敵機二架盤旋，想掩護敵軍登岸。

五百壯士在內的生活，緊張中仍很自在，早晨一部士兵作健身體操，並不時登高瞭望散步，態度鎮靜沉毅。堆棧內黃豆小麥很多，他們可以煑豆吃。五百健兒精神良好，另有一苦力伴守。

51

本市抗敵後援會昨在大新公司貼出佈告，募光餅糖鹽，願捐者可交愛多亞路浦東同鄉會，由該會轉送。職救協會及海關華員，電話局華員等團體，昨均集款，購物慰勞各壯士。浦緝庭又購望遠鏡二架贈送謝晋元團附及楊瑞符營長。昨日，愛文義路東段，白克路，北京路，貴州路，牯嶺路等各里弄市民，絕食一天，購買水菓等食物運往。外僑

52

亦紛紛購食物慰勞，沙利文麵包公司昨天捐助三卡車麵包餅乾。

我壯士五百死守四行倉庫，昨已爲第四日，在此期間，敵軍雖屢次向我襲擊，均被擊退。前晚敵以鐵甲車二輛前導來窺，我軍俟敵逼近，以手溜彈猛擲，敵倉皇逃去，但已有數十名擊斃，車亦受損。昨晨迄午，敵三度進犯，槍聲密集，我軍以手溜彈機關槍還擊，斃敵卅餘名，敵未得逞，退據交通銀行倉庫屋頂，不時向四行倉庫射擊，我軍沉着應戰，仍扼守此堅如堡壘的倉庫。昨晨及午後，敵機曾二度在倉庫上空窺探，因畏我高射砲，不敢低飛。四行倉庫屋頂，原有我國旗飄揚，昨晨我壯士又在毗連的大陸銀行倉庫屋頂懸掛一國旗，臨風招展，互相輝映。隔河民衆，遙望我軍英勇抗戰，莫不舉手致敬。各團體亦紛紛捐款及物品慰勞，市慰勞會昨並收到德人考滋，菲律濱兩水兵及英美人士捐款多起。

（十月廿九至卅一日立報）

閘北孤軍退出記

問津

我軍自陣地移動後，獨留孤軍五百餘人，由團附謝晉元，營長楊瑞符指揮，堅守閘北光復路口四行倉庫與大陸銀行倉庫，苦撐四晝夜，始於十月三十一日晨二時許，因奉最高當局命令，全部退入安全地帶。這一幕英勇抗戰，引起中外注意，記者雖經數日調查，終以有關軍事秘密，未便輕於發表。現在我英勇將士已經退出，將在長期抗戰中與敵作更壯烈，更偉大，更有效的奮鬪！閘北孤軍的堅守雖事已過去，但他們在這一『天然堡壘』中的種種活動，却值得我全軍將士，全國民衆的注意，在今後英勇抗戰中實地應用起來，定於抗戰前途上有不少的效力。

因爲大場一點的突破，十餘萬大軍的陣地，作了戰略的後移。實行之初，大家還不免有些懷疑，可是事過幾天，大家都沒有什麽話說了；主要的，因爲我們的後撤，不單避免了敵人包圍的犧牲，而陣地更形鞏固了。在長期抗戰總結算上沒有什麽不合算。

同樣，閘北孤軍因爲意志的齊一堅強，行動的敏捷果敢，實際已盡了殿軍的責任，使閘北數萬主力軍獲得了掩護，很安全整肅地退出了閘北。我們在一個佯攻之後，行動了一個整夜，敵人都沒有察覺，直到天亮才前進。又因爲楊營長的堅守，更根本避免了敵人的追擊；這是楊營已費盡了掩護退却的責任。

54

敵人劈拍劈拍地一連攻擊了四晝夜，傷亡了百餘人，消耗了無量數的彈藥。而我們困守的孤軍，因爲工事的堅固，技術的高明，只有五個人殉國，帶傷的也只有三十多人。因爲孤軍的奮鬥，引起了敵人的重視，世界人士的同情，民衆熱烈的抗敵愛國情緒，這是孤軍又一任務的完成。

現在，他們全營歸來了！我相信他們個個人的信念更加強了！殲敵經驗更多了！在敵人重重包圍中度過了幾天，敵人的紙老虎也穿破了！拿這樣的奮鬥精神，再配以優良的陣地，雄厚的兵力，適當的時機，去對付敵人，那效果比長久死守在這孤懸的有限陣地上好得多。

再，這批勇士回到整個部隊以後，極自然的會將他們的實戰經驗，堅苦精神，傳到大批隊伍中去，這效果之大，決非公式的政治教育與死板的軍事訓練所可比擬。

所以，最高領袖命令孤軍撤退，是十分正確的；楊營將士達成了重重的任務，然後奉命而安全撤退，更沒有什麼不圓滿的地方。我們民衆的熱烈鼓勵，除希望他們多殲滅幾個敵人，達成了他們任務以外，未必有人誠心地要看他們演一幕『壯烈犧牲』！而且他們這種始終『服從命令』，『達成任務』的精神，只要能普遍到全軍全民，我們的抗戰部隊像一部靈活的機器地由最高領袖去適當的運用，我們的抗戰前途，決沒有失敗的道理。

記者昨天在細雨濛濛的午後，抱着滿腔的熱誠，到一個醫院慰問負實際指揮孤軍作戰受傷的楊瑞符營長。楊氏面容很消瘦，而精神則出我意料之外的奮興。

他的傷在小腿部，他讓我看時，一肢壯健的小腿部，在無數層的紗布纏繞中，依他精神的良好，想在最短期間可以痊愈的。

我剛剛坐下，就有極濃馥的香氣撲來，仔細看看，原來他的床邊，桌上，都擺了好幾盆鮮花，有一盆是無名女郎送來的。我正預備談話時，該院護士長湯競羣女士又送一大盆菊花來，整個病室在芬芳的籠罩中。

『我這次很遺憾，殲滅的敵人不多，既未成功，又未成仁。……』楊營長首先謙抑地說。

『你這次既掩護了大軍退却，又殲滅了許多敵人，現在全部安全脫險，今後在長期

55

抗戰中，更將大建功績，還有什麼遺憾。』我很直爽地作了幾句解釋，並希望他談談他們全營苦鬥的經過。

『好，我爲你從頭說起：十月二十六日晚十一時，我奉了留守閘北的命令，即率部向四行倉庫集中，當時砲火猛烈，軍隊分散各處，不易很迅速的集中起來。我命傳令兵分途出去，先由北站防地集合了一連，開到四行倉庫；我帶第二連續去，三連與機關槍連隨後也到。

『因爲事前毫無準備，所以一直到午夜二時許才完全到達目的地。第一步先收拾炊具，找尋些必需的柴木，然後偵察地形，佈置陣地，開始構築工事；並破壞了全部電燈，以便軍隊隱蔽，並免敵人利用電線放火。到一切部署差不多時，天快亮了。

『晨六時，在蒙古路附近旱橋警戒的一排兵前來報告說：「敵人前進了！」接着警戒兵一面迎頭痛擊敵人，一面逐步後退，退到本陣地時，已七時半了。那時北站大樓上，已插上太陽旗了，但是敵兵還未敢輕進，先用砲亂轟了一陣，見我軍還擊聲稀，才到處放火，實行所謂「威力搜索」。』

他談到這里，病房內外已雜亂地站立了七八個人，都在靜靜地傾聽他的敍述。

『到下午二時許，敵人進到蘇州河邊，開始向我們進攻；警戒部隊立即應戰，庫內部隊仍趕做工事，敵來勢很兇，一面猛襲，一面放火，與我軍激戰二小時，敵傷亡達四五十名，待我警戒部隊退到四行倉庫時，敵又跟進，堵住倉庫門來襲。』

當時大家的面容，顯然受到他的感動，緊張起來，等候他說下去。

『那時我們的工事還未作好，所以我一面派兵堵門迎擊，一面派兵到房頂去投彈；投了二個迫擊砲彈，幾個手溜彈，倉庫西南牆下，就擊斃敵兵七八名，傷二三十名，其餘都跑走了。遺棄槍枝四五枝，直到我們撤退時，還在那里放着，因爲我們派兵監視，敵軍終未敢拿去，遺屍都是由警犬拖回的。』

他剛說得興奮了，要繼續說的時候，一個女護士送來一碗藕粉，他在大家催促之下匆匆喫下去。

『二十七日與敵激戰前後三小時後，敵人已知我軍不可輕犯，靜寂了兩天，少數敵雖屢圖偷襲，均經我軍擊退。我們大部隊專門拚命做工事。這所倉庫，眞是一個『天然堡壘』，儲存了幾千萬包糧食，第一二三層樓都是小麥雜糧之類，四層與五層，是牛皮與絲繭，都是很有用處。一層至三層，我們作了三天就完全告成。將每個窗戶門口均封閉了，南墻邊的麻包，堆積了五公尺厚，北邊各門口，築有十公尺厚，都是從地板到屋頂。第四層因為材料不夠，並為引誘敵人多多消耗彈藥，實際我們無人住在四層樓。第五層工事昨天已完成，這層工事非常好，比敵人侵佔的交通銀行倉庫高得多，我們完全可以控制敵人，敵人對我們沒辦法。』

大家正聽得痛快的時候，忽然走進來一位十六七歲的童子軍，向楊營長深深地鞠了躬，表示敬意以後，默默地站着聽話。

『昨天我們只顧在五層樓做工事，只派少數兵應付敵人，敵雖不斷來攻，我們在裏邊根本聽不大清楚，讓他去瞎攻，消耗子彈。我們子彈寶貴得很，沒有優良目標，決不放一槍。

『到昨晚（即前晚）十一時，我們作好了第五層工事，還剩了許多麻袋，正打算放在屋頂，防敵空襲，忽然奉到撤退命令；同時敵人攻得漸漸緊了！所以我們預定五日完成的工事再未進行，否則屋頂與第四層工事今天均可作成了。』

這時，有女護士來試温度，按脈搏，所以沉默了幾分鐘，有人還送來鮮花籃。楊營長說：『我眞是受之有愧！』

『我們除忙着做工事外，還注意到防火，照明，衛生等設備。其次，簡直沒有水喝，倉庫裏的水管都沒有水。後來在蘇州河邊一所破房子中才弄了自來水，但是恐怕敵人破壞了，所以在每層樓放一個水桶，把大家的小便都藏起來，以備防火之需。我們用棉花打成捻子，醮些煤油點起來，作照明用，凌空擲下，同時還用一個棍子，綁上繩子，繫上民衆給我們贈送的大號手電筒，一人持着，將身子隱在一邊，一人向下投彈。另外還可以打信號槍。

『我們在北站與敵人戰了兩月多，敵人的一切，我們都曉得了；他們有的就是大砲飛機與戰車，可是我們已經有了對付的經驗。老兵一點不害怕，就是補充的新兵有時吃虧。他們的步兵太胆小了。

59

『在這里，工事這樣堅固，戰車原本衝不進來，重砲用不着；飛機因爲這個倉庫到底目標很小，不易投中，稍稍不準，就要抛到他們自己陣地。』

他說着，並用水筆為我畫了一張陣形，證明敵機的無用，絕對不敢直下轟炸。就是直下，我們也有防空設備，屋頂上早有兩架高射機關槍等着。』

『最怕的，是敵人在倉庫附近隱蔽的地方，挖掘地洞，用炸藥炸壞了墻，同時用戰車來衝洞口，那就不好應付；所以我們在晚間不斷用電筒向外來照射，如發現有敵人活動，馬上就投彈。至於敵人用平射砲亂轟，實際毫無效果，這倉庫比北站大樓堅固得多，全是紅磚和士敏土建成的，我們打一個槍眼，也得費五個鐘頭。加上我們的四晝夜的工事，外方打步槍裏邊有些地方聽不見，眞可說「有恃無恐」。我認為長期抗守很有把握，毫無問題。民衆在外邊為我們着急，我們在裏邊倒「視若平常」，因為一方面我們都有犧牲決心，一方面成功頗有希望，成仁符合我意。

『我們沒有不達觀的地方。大家關心的只是我們的工事沒有完全作好，有這樣多的麻袋，供我們使用，有這樣多的糧食，作我們軍食，有這麼多英勇的兄弟……實在捨不得。我同謝團附離開這陣地時，忍不住都落淚了！』他說着，眼圈似乎有點紅暈，又要落淚的樣子。我也全身發了熱，趕快脫了大衣，又向他解釋說：『你們的撤退，並沒有什麼遺憾，我們不是要長期抗戰嗎？』

『是的，軍人以服從爲天職，我們守是奉命，退也是奉命，而且是冒死退出的。我們退出的路口，敵人佈有四部機關槍，並有照明燈，我們打壞了一架，敵又裝了一隻，我們是用兩架輕機槍，一架重機槍保護退出的。我們官兵苦守了四晝夜，大家只趕着作工事，誰也沒睡覺。』

『這次堅守中，出力的有那幾位？』

『那天投炸彈炸死許多敵人的，是排長殷求成幹的，他因未用棍子打電筒，被敵擊傷了右手。我們對官兵，只求能達到任務，這次堅守的都很有決心；誰派到任務，誰都可以達到，殷排長機會好，所以表現好。我們這次的決心，是中華人民個個都有的，中華民族能延續到今天，不是偶然的。日本人不認識我們民族的歷史，一定要我們永遠忍耐，到底屈服，必招慘敗。』

他說着又想了想說：『還有一位上官連長，湯醫官，因爲移防時都在他處，直到二十八日，才經過許多艱苦，視死如歸地趕來，鑽進了四行倉庫，與大家決心共存亡，都很可佩服的。另外有第三連陳排幾個弟兄，在敵人堵門來攻時，他們在敵機槍猛射中英勇奮戰，爬在地上弄了一臉灰，起來擦眼，又向敵還擊，待敵機槍又射，又隱蔽到地上，這樣更番苦戰的精神，都很不可多得。』

『現在事過了，你們當時的兵力分配，可否對我講講？』

『兵力佈置，按戰術上分重點與輕點，最要是兩翼，所以我們左翼（卽交通銀行倉庫那邊）右翼（西藏路方面）都配備重兵，中間兵力薄弱。我同謝團附住大陸銀行倉庫裏邊，我們的重武器，計輕機槍二十七條，重機槍六架，高射機槍兩架，只要我們堅守下去，定可殲敵不少。』

楊營長是河北省人，中央軍校第六期畢業生，與閘戰陣亡的王作霖團長同期；一二八時在河南担任剿匪工作，初在第二師，曾參加過許多戰役，八一三戰起，冒了好幾次險。昨晨初次受傷，因見手上有血，始行發覺。

（十一月一日大公報）

63

爲你們頌禱

若華

我看到死守閘北的勇士奉命退出四行倉庫的紀載，禁不住要掉下淚來，然而，我還勉強自己鎭懾着。可敬愛的勇士呵！中華民族最優秀的一種德性，是藉你們而傳達給全世界了！

你們的所爲，是中華民族解放歷史上一個最大的關鍵！許多親日分子漢奸們，正在九國公約會議將要開始的時候，在活動中日兩方的媾和與停戰；同時，九國公約的簽字國中，也正在企圖在會議席上調停他們所謂『中日的糾紛』！你們這一行動，毫無異議地是代表了中國全國人民抗戰到底的意志，答復了各簽字國給予我們的好意，打破了親日派漢奸的和平的好夢了！中國的抗戰如其能永久的堅持下去，中國的抗戰如其能像你們一樣軍民合作（據聞你們的隊伍裏有不少掘壕溝的工人），那麽勝利的把握是極其必然的了。

田橫的五百壯士是再也不能專美於前了。你們的行動的意義，實在更比田橫他們來的重大！孤守在這四行倉庫上，把光榮的國旗高揚於閘北的天空，這不特牽制敵人一部進攻的力量，而且以最壯直的正義，搖動了敵人的軍心，使他們自知殘暴與無理！你們是有生之路，但你們不願爲偷生之奴！你們答復給一切同情於你們的友邦軍人的，是赳赳的革命精神：『革命軍決不卸除武裝！革命軍決不貪生！』你們雖然退出，然而你們的偉大，何止驚天地而泣鬼神呢？世界的人類，將都爲你們而沸騰！全世界的正義與同情的援助，將由你們而大大地展開了！英勇的壯士，我將語諸子孫，萬世爲你們頌禱呵！

十月卅一日作（十一月二日立報）

四 勇哉民族戰士！

在第一篇裏，我們已到處感到前線我們士兵作戰的勇敢。據前線下來的人說，每個戰士一見敵人卽不耐戰壕伏射，而以能白刃衝鋒，手殺敵人爲榮。這種犧性精神與民族義憤，在我國歷史上眞是空前的！我們這些不能親上前線的人，從新聞紙的報道，本已可以振衰而起懦了，但如果我們能在後方的傷兵醫院裏過幾天，那我們更可以親炙前線士兵的餘勇，因爲到處都能看到受傷戰士的氣概，聽到傷兵們講的英勇故事。此篇所輯者，不過是太倉之一粟而已。

眞的，替傷兵服務，是一件挺愉快的事情！但是無論誰都要感到慚愧與痛苦，因爲運送傷兵的設備太差，後方醫院的數目與組織都太不夠了，我們實愧對我們的戰士們！

傷兵醫院裏聽英勇的故事

八月二十日正午，記者興奮地趕到『第×救護醫院』，門口正開到一輛紮滿樹枝從前綫開來的汽車，車上的人高聲向別人報告：『三個老百姓，一個兵！』童子軍就很快的幫着担架，把呻吟着滿身沾血的人抬進去。

記者經過好多手續，才得醫院院長允許，走進病室；病室是間很大的體育館，裏面充滿了濃重的火酒和哥羅方的氣味。

看護把記者領到一位昨晚從戰地上救護出來的戰士面前，他光着頭，短袖的上衣露出兩隻粗壯的胳膊，頭頸裹紮着厚厚的綳布。我們默默地交換過目光，他就支着頸子坐起來，我也坐下來，開始交談。他是江西人，響亮的嗓子就滔滔不絕地說起他壯烈的戰績：

『我是××師×團××連的，十八日夜裏，奉命駐守愛國女校後面王家宅地方，上面因爲恐怕鬼子反攻，要我們在那兒死守三天，我們就除了槍和子彈以外什麼也不帶上火綫。後來我們進攻了，十九日晚上，月亮又大又亮，鬼子不斷放着機關槍；我們一下了命令，後面的砲隊也就開起砲來，我們一連弟兄分左右兩翼，向着愛國女校抄過去。』說着，他就伏到枕上，做出匍匐衝鋒的姿勢。

『他媽的，鬼子的陣地眞考究，密密的鐵絲網後邊還擋着鋼板，冒着格格的機關槍彈，我們散開衝過去，邊喊，邊擲手溜彈，黑暗裏鬼子嚇壞了，終於拋掉槍向南逃去，我們的機關槍也就格格格一陣子，把好多鬼子打死。佔了愛國，咱們一連弟兄也只剩四十多個了。』

這時許多女看護圍過來，她們都認眞地來聽這英勇的故事。

『鬼子也眞沒用，幾天來，他們從沒衝過鋒，老是守着，所以只有我們往前攻，他們的海軍還能打，新的陸軍就怕死得厲害。在我們是爲了國家，所以只有進沒有退，死也得死在前面，我們旅長團長，全上前綫，跟弟兄們在一塊，所以我們更殺得興起了。

『爲了不給鬼子的飛機偵察到，我們有時候飯也不能燒，往往餓上七小八時，他們偵察到我們在那裏，砲就往那裏亂放；我們打過多年的仗，可從沒有見過這樣亂糟塌子彈的對手。……』

『那末老鄉，你的脖子怎麽傷的呢？』記者問：

『噢，那是昨天晚上我們二排人從愛國出發前進，衝過兩個花園，突然前面開砲了，我們左右前後全掉下砲彈，我耳朵也炸聾了，頭中了彈片，暈了過去。早晨給送到這裏來，我知道我的脖子的傷還不重。過幾天好了，還得上前綫去！』

『我可不成了！』對過床上的弟兄驀地嘆氣說。

記者知道他傷的是膀子，骨頭斷了，趕忙安慰他說：『放心，醫生有法子把骨頭接起來，過幾禮拜，準會好的。』

看護婦這時來分餅餅了，他們每人拿兩個，我也就向他們道別，說了聲，『兄弟，我們前綫上再見吧！』

（八月二十一日立報）

後方醫院裏

十月十八日之後，記者曾跟着紅十字會的救護車，從上海出發，經歷××××××××××××等好些地方，一二星期來就一直在傷兵醫院裏過生活，此刻且寫下些關于傷兵的事情吧！

在××鄉下，我們看護過幾位連長營長，跟他們縱談戰事的發展，和我軍的忠勇抗戰，敵兵的倉皇潰敗，覺得萬分痛快。一個連長曾對我說：『你回去，告訴大家，在我們軍人是準備戰死疆場的。所以老百姓接濟我們錢，我們可眞不需要，我們要的倒是有訓練的醫師和救護人員。』這是很明顯的，紅十字會的救護工作做的還不夠，所以大量的醫護人員是迫切地需要着。

在××，好些地方有輕傷的士兵在靜候醫治，這裏有廣東，廣西，湖南，山西，四川等各省籍貫的兵。有一回，路上一輛私人的空汽車馳過，車裏就只坐着一位體面人物，那川籍兵就耐不住駡了：『看，他媽的，不顧老子，就這樣逃跑了。』不待他說下去，另一個老鄉說了：『別管這些鳥事，咱們是爲着比咱們更苦的老百姓在打吶。』這話使那咒詛的很氣惱。

談起在前綫的經歷，不少桂籍兵告訴我們，他們是常常打算跟東洋兵肉搏的。『可是那日本鬼就根本不敢跟咱們鬥，他們甯願讓我們抓住了，好像明知道我們長官會優待他們似的。所以每次他們衝過來，倒是摔了槍投降了，使咱們眞失望。』

當我們提起『滿洲國』的軍隊，兄弟們都很感喟地說：『滿洲國』軍隊也是咱們自己人。日本鬼往往使『滿洲兵』在坦克車前面衝，自己却躲在後面。因爲他們穿一律的日本裝，所以我們可眞辨不出那個是同胞，那個是敵人。只要他們來攻，我們也只有前後打一陣，把他們全打死。但是也有很多東北兵會掉轉槍口跳進我們的陣地的；我們問了他們才知道是自己人。東北同胞個個說，他們自己甯願死在火線上，免得按着日本的軍律，把家裏人都殺光。

傷兵們的確常覺得軍民合作程度還不夠，所以有次一個傷兵就懇摯地對個賣飯的說：『咱們決不白吃你的東西，你別不跟咱們做生意，就是做生意也得公平些，我們是爲了你們在打仗，要是得了最後勝利，你們是可以安居樂業的。所以現在第一你們要跟咱們合作。……』

在××，輕傷的兵都得到一張通知單，着自行往某處醫院治療，因之發生了不少趣事，路上兵士們會各說各的鄉土話來問答：醫院在那裏？粵籍兵問湘籍兵，湘籍兵也不知所云地說了。但他們終于會看看各人的通知單，如果誰知道，沒有不詳細地指示的。這裏同志愛的程度眞熱烈得很。

我們在前方一星期，覺得傷兵們是太可敬愛了。兵士們都有最後勝利是我們的信心，所以英勇犧牲他們都是萬分樂意，但是他們也要求在火綫後方的民衆和他們合作起來。

（十一月三日立報）

71

在戰地醫院裏

劉良模

和傷兵們在一起生活，替他們服務，眞是一件挺愉快的事情。

從傷兵們口裏可以聽到很多很多夠悲壯勇敢的戰鬥故事。這一次打鬼子的仗，誰還不勇敢極了，他們上了戰場，是只進不退的，有的雖然掛了一點小彩，也絕對不肯退，到不能支持了，才給担架夫擡回來。

在羅店前綫，就有位受傷的連長，他的肚子被敵人打破，腸流在外面，還繼續不斷衝鋒，後來給兩個弟兄拉了回來，不幸在一天以後，就死在醫院裏。全院的弟兄，看護，和青年會的服務員，都爲他流淚。眞的，這一次抗戰中，犧牲了很多民族英雄。

弟兄們都說：『鬼子是不中用的，一到肉搏衝鋒的時候，他們都會驚惶失措，像失了魂似的。我們的一個長官曾經在鬼子兵身上搜出一封未寄的家信，信裏說的全是怨恨的話，他們也知道這一次到中國來打仗，完全是受軍閥的壓迫，實在太沒有意思了。』

可是在我國軍隊方面，下級幹部的教育程度都非常的高，他們都已知道為什麼拚命。我認識了一位班長，他是在東北大學畢業的。一般士兵對于我們服務的人都非常和氣，我們代他們寫信的時候，他們終抱歉似地說：『你們太辛苦了！』其實我們的工作和他們這種奮勇殺敵的苦鬥比較起來，那算得什麼呢？

在醫院裏除了替傷兵寫家信，我們還開留聲機給他們聽，借畫報雜誌小說給他們看，借棋子乒乓給他們玩，和他們談話。弟兄們非常歡迎我們就在一起。他們說：『自從你們來了以後，實在減少我們不少的痛苦！』

弟兄們最喜歡聽救亡歌曲的唱片，他們聽到義勇軍進行曲，便隨着高唱：『起來！不願做奴隸的人們！』但是我們最缺少的便是這種唱片，在這裏有了錢也買不到。弟兄們最關心前綫抗戰進展的情形，所以喜歡我們把最新的刊物畫報書籍給他們看。但是我們這次捐來的大半是舊畫報舊書，較新的刊物書報，因為交通阻滯，沒有法子買到。

（我們覺得抱歉，很希望旁人能幫我們補足了這個缺陷。）但是他們還是口口聲聲說，『民衆們待我們太好了！』這又叫我們慚愧的落眼淚！『眞的嗎？我們已優待了英勇的抗戰受傷將士？』

（九月二十九日立報）

73

傷兵包紮站巡禮

當我們離開某傷兵包紮總站以後，每個人的胸頭，充滿了無限的痛憤，我們忘不了這悽慘的一幕，同時也忘不了造成這一幕慘案的兇手——日本帝國主義。

傷兵包紮總站，是所有救護隊和救護醫院的樞紐，它隨時收容下所有各救護團體從砲火下救回的負傷將士，包紮後再依傷勢的輕重，分別送入租界，或轉往別處。那裏緊張的工作和悽慘的情景，跟傷兵醫院裏的平靜安逸是大不相同的。

傷兵包紮總站的工作，雖是那樣繁忙，但組織並不複雜，除去十幾位醫師和護士外，其他一切事務，都委之于童子軍。一向在那裏負責的是市商會的十幾位社會童子軍團員。

每一個救護車送來的傷兵或是自行投到的傷兵，在入院前，都要經過登記，根據他們由衛生隊發出的傷票，記下他們的隊伍，姓名，受傷的地點和傷勢，然後編好符號由醫生包紮，換藥。送出去的時候，再根據收回的符號登記出院表。

從前線救傷兵下來，大多是在夜裏，送出去多半在白天。重傷的經包紮後，要儘先送入租界內各救護醫院；輕傷的，就分別發送到外埠。

說到救護醫院，也頗成問題。在上海，所有的醫院，差不多都額滿了，所以現在消極的辦法是每天由各醫院開出了空床位的數目，然後根據這張派司，儘可能的把重傷的士兵去補足。

在那裏我作了一次較長時間的巡禮，正是落雨的一天深夜。卡車一輛輛冒雨開進了天井，泥濘的地面上，往返奔跑着救護隊的隊員，他們忙着把傷兵一位位地抬下汽車，輕傷的，就負着傷自己走下來。赤血滴在泥水裏，一灘灘的多給冲化了。

院裏的汽車，往返着十多次了，廊下的傷者漸漸擁擠起來，屋裏地上，不少負傷的士兵們都踡縮着入睡了。我看了看他們身上，大半還是穿着單薄的軍衣。那裏負責人告訴我：在晴天的時節，院中的傷兵會睡得滿滿地。

我們出門的時候，迎面拉來幾部黃包車，上面走下來的幾位士兵，都是傷了手臂或腿部的，他們還背了槍械子彈，他們把槍械交給童子軍，一邊說：『這是軍人的性命，除非死，決不能把它丟掉！……傷好了再拿它上前綫！』

（十一月九日立報）

75

廿四救護醫院參觀記

淞滬戰起後，救亡團體如雨後春筍地紛紛成立，可是內容充實，工作積極的，還不多見。國民戰時互助會，也是戰後新組織的一個團體。附設的第一救護醫院，即中國紅十字會上海市救護委員會第廿四救護醫院，昨天招待新聞界參觀，記者也應約前往。

這所醫院的房子，是盛家祠堂，房子雖然陳舊不堪，院落却相當空曠，適於病者的療養。據說這所房子一直空閑了整整六年，迄在封鎖狀態中。國民戰時互助會商得盛家的同意，才借作救護醫院，屋宇的外表仍舊，屋內洗刷一新，分成醫院的各種部門。

在大門旁的廣大院落中，搭起一座大蓆棚，一部分是空着的病房，整齊排列着許多床位。一部分是職員的辦公室，用深藍色布的圍繞，劃出了各課的辦公處所，實際辦起事來不見得與高樓大廈有多大區別。

首先舉行了一個簡單的茶會，接着就由醫院負責人唐士煊夫人，李霞卿女士，杜焜泉先生等領導參觀樓上下的病房。

樓下一間相當大的病房，是黃宗孝太太捐助一切用費的。縱橫排列着十七八個床位，都滿滿地躺着爲國族拚命的勇士。他們大都受了重傷，有的在昏睡，有的正呻吟，記者等不忍使他們受到驚擾，匆匆走到另一房間。

樓上一間病房的門口，有一位勇士的臂膊整個在紗布的捆縛中，醫生正在爲他解帶換藥，在他緊張的面容上充分表示了傷勢的痛苦。旁邊還有一位也是臂部受傷，他坐着爲我們訴述他的傷勢：『說話痛，咳嗽也痛。……』

『這位被敵人擊破了一隻眼，我們爲他換了一隻假眼，他天天要求着出院回前線。』領導我們的杜先生指着說。記者急趨前慰問，知道他是一位保安隊兵，在吳淞砲台灣受傷的。他親筆爲我寫出了他姓名張德玉。

在一個病房的角落里，有位勇士面容灰黃得很，眼睛也在合着，似乎很疲憊。有位職員在旁說：『他傷勢確甚重，神經已經錯亂。』我們默默地看了看他，希望他神志能夠日見清明。

隔壁的一間，大部分是輕傷，醫院職員讓各位將士隨便向我們談談話。有位推王排長說話，王排長似乎尊重長官地推請熊營長先說。熊營長，屬於××××師，在蘊藻浜南岸與敵血戰，犧牲甚爲壯烈，全營只剩了七八十人。

熊營長面容非常瘦削，頭部纏着紗布，鼻部受了炸彈傷，現已漸見痊愈，他從容而振奮地說：

『這個戰，是犧牲戰！非犧牲沒有辦法！敵人的戰法很簡單，白晝總是先用飛機大砲集中轟炸，破壞了我們工事，堵斷了我們援軍，再用步兵來衝。我們應戰結果，有時稍稍退後一點，等到天晚，敵人飛機失了作用，我們一猛攻，便收復了原有陣地，所以

78

敵人攻了多少天，都沒有什麼進展。

『戰場最成問題的，就是到處有漢奸活動，希望設法把民衆組織起來，漢奸始可肅清。我們也殺過好幾個。』他說着要坐起來，經我們勸阻，又躺着說：

『敵人的隊伍中，頂多一半是日本人，擔任着各級長官與機關槍手。一半是台灣與東三省人，因爲與我們前哨有時只有五六丈距離，要求我們弟兄槍口擡高一點。我們弟兄請他們帶槍跑過來，他們悲慘地說：『老鄉，不能夠！我若跑過來，他們要殺全家哩！』

最後，王排長表示很感謝醫院職員的辦事認眞，各界士女的熱心慰問。他說，只要前後方軍民努力合作起來，一切都有辦法，敵人終有打倒的一天！

在記者等參觀的時候，全院秩序都是英勇的童子軍維持着。有幾位女童軍忙着替傷兵寫信，坐在床邊，親切宛如一家人。另有八九位外國醫師與護士，也熱誠參加該院經常工作，盡着人道上的責任，但對外絕不願出名。

（十月廿五日大公報）

五　民衆的服務

淞滬戰起後，前方是翻江倒海的大戰，後方民衆則熱情激盪着，都在尋找機會爲民族服務。能找到服務機會的青年，幾乎都是在熱烈勇敢的工作着的。到處都有服務的童子軍，而婦女們的服務也甚活躍。當然的，在出入火線服務時，不免要有犧牲，因而我們又聽到許多服務青年死傷的痛事。然而找不到機會的青年，絕不因死亡前例而消沉他們的不平之聲——無機會服務的不平鳴。不要忘記，淞滬戰役中，參加服務的民衆，只占要求服務的青年的極小部份；假如統治的當局不害怕民衆而信任民衆，不限制民衆服務，則前方作戰的便利與後方傷兵的待遇等等，眞不知要好幾百幾千倍了。

因爲我們的抗戰是正義的戰爭，所以凡是世界的公正人士，都對我們表同情，貢獻幫助。這篇收集了幾頁外人及革命者同情的記事，以見這種情形之一斑。

80

戰時服務中的英勇童軍

滬戰十二天來，隨着紅十字旗的到處飄揚，童子軍也活躍在前方後方，他們不避辛勞，不怕艱險，已經為戰事做了不少工作。

這裏記者要先記錄兩個傳誦一時的關於童軍的事績：

戰幕揭開的一天，新閘路××米店前有鬼子兩名駕着汽車到來，買米數十包，正待開車運走。突然童軍趕到，就臥倒車前攔阻，鬼子倒不是怕輾死人，只是給童軍們這種勇敢的作為嚇壞了，於是棄車而逃。米糧得未資敵，附近居民為之稱道備至！

又在開戰後某天，愛多亞路羣衆圍毆『漢奸』，童軍見狀，馬上破衆而入，將『漢奸』抱住，拳雨也就驟止，『漢奸』由童軍帶入捕房，查明毫無罪嫌，並非漢奸，也終算沒有受傷，那個人和他的家屬，對該童軍救他出險，都感激涕零，認為救命恩人。

前天，記者也曾親見前綫歸來的救護車上的兩位女童軍，她們滿面油汗，風塵僕僕，仍舊努力担架救護，眞令我肅然起敬！

實際上童軍們的工作是夠繁重的，全滬男女童軍已經參加戰時服務團的有一千二百名，現在各救護醫院各收容所日夜都由他們担任救護和警衛，戰爭地帶從眞如到蘇州，也全有他們負責運輸情報等工作；市上各商店運米運煤，也得童軍隨車監護。眞的，童軍已成了維持後方秩序的功臣。

在這種種艱險困苦的工作中，童軍們的犧牲是難免的。所以五年前『一二八』時，五十團（市商會）童軍曾有羅雲祥等四烈士的殉難。前天南京路炸彈爆發，童軍何國壽（五十團團員，年廿一歲，服務于九江路合成洋行，戰時服務團第七七六號團員）又不幸犧牲在內。同樣死在敵人的手裏，事後屍體粉碎，只找到一張團員證章和一件血衣。何君英勇奮發，工作努力，他的慘死，是我們沉痛哀悼的。

我們相信一千二百位忠勇的童軍的努力戰時服務，已充分發揚了中國新少年的愛國精神，決不是捷克的『沙哥兒』，意大利的『巴利拉』所能比得上的；他們的參戰，自然也比往意大利參加童軍爬山露營的『將軍之子』們光榮多了！

童軍戰時服務團的團員們：我們恭祝你們康健！為國奮鬥！

（八月二十五日立報）

82

上海婦女界的抗敵後援工作

逸霄

本文是八一三戰事發生後第五天寫的，當時上海婦女界已在大規模地從事後援工作了。後來隨着淞滬抗戰的繼續，婦女工作的廣度與深度都更擴大。本文不過表示她們開始工作時的一斑情形而已——編者。

自上月蘆溝橋事變發生以後，上海的婦女界，就積極準備着全面抗戰發動之後應該擔負的工作；如開辦救護訓練班，縫製傷兵衣服，捐募物品慰勞前方將士，尋覓地址以備收容逃難婦孺，組織傷兵醫院服務團等等，都是她們一個月以來籌畫進行的事務。上海戰爭自十三日爆發以來，到今朝（八月十七日）已經是第五天了。上海的婦女界，究竟在後方做了些什麼？現在，據記者所知道的一切，拉雜地敍述在下面：

83

何香凝女士領導組織的慰勞抗戰將士會上海分會，自上月成立以後，即積極向國內外各名流要人的夫人捐募款子，一方面並舉辦救護訓練班。捐得的款子，據該會負責人黃定慧女士前天報告，共有三千四百多塊，救護班已設立的有十九班，每班有四五十人或五六十人。慰勞工作，共做過四次，兩次是把大批的餅乾，團扇，毛巾，救護包等物品，送交北方二十九軍的將士，兩次是慰勞上海抗戰的將士們。她們本來計畫着要設立婦孺收容所，但因爲適當的地處沒有能借到，這三天來，她們就每天捐助一萬個饅頭，派人到馬路上去分發給尚未被收容的難民們。

婦女運動促進會委員張湘紋女士是最能埋頭實幹的份子。她爲會裏繼續開辦了五班救護訓練班；獨自捐助了二百套傷兵衣服；最近又把人和醫院的大禮堂及側面的一間大房子騰空出來，搭上了五十個舖位，預備收容輕傷的士兵們。昨天下午四點鐘，記者到那兒的時候，正好紅十字會的救護車載着二十七個受傷的兵士送到那兒去。一時全院的護士們驟然忙碌了起來。先是拿着臉盆毛巾，爲他們細細揩洗沾在滿身的泥垢，再爲他們換上預先縫製的衣服，然後分給各人一碗水，一堆餅乾，一包糖菓。

二十七個士兵裏面，輕傷的佔多數，大概是在背，肩，手，脚，或腹腰等處被流彈擦傷了；重傷的只有兩個人，一個是兩粒子彈中在兩隻小腿上，一個是一粒子彈打進了背脊骨。那背脊上受傷的已經是着昏迷不識人事的狀態，嘴裏不絕地囈語着，右手緊握着拳在空中揮擊着。當記者走到他前面，他問我是不是『大揮』，我猜想他的意思，大概是問我是不是『大夫』，我向他點點頭，他就跟我說：『請你趕快拿藥來，給我醫治，醫好了我還要去打！』他一連串說了無數的『打』字，把拳頭做着樣子。我看了他，當時眞個感動得要掉下熱淚來！另一個重傷的，他一面皺着眉，連聲呼着痛，一面興奮地說：『要不是痛得不能站，我還可以放幾槍，至少會多打死三四個鬼子。鬼子今天死得眞不少。……』據張先生說，他們兩個人，都要送到紅十字會醫院去開刀，把子彈取出來，生命是不至有危險的。我希望他們每一個人的健康都能不久就恢復，使衞國的長城不要缺損一塊磚！

婦女運動促進會，除先後舉辦救護班五班，陸續縫製傷兵衣服之外，她們在昨天，又假辣斐德路南洋無線電學校，收容了一百名婦孺；因爲限於經費，不敢多收容。據該會負責人陸禮華女士說，昨天下午六時，曾向上海救濟委員會請求，希望能由該會發給食糧，已蒙該會負責人答允。昨晚，陸女士等並購買牙刷毛巾，到人和醫院去慰問了一次傷兵。今天，她們組織的服務團，就要出發到各傷兵醫院去，爲傷兵們寫家信，講故事，或唱愛國的曲，給他們增添一點精神的安慰。

此外，十四個婦女團體聯合辦事處也在昨天召集了一個會。議決了如下的兩個決議：(一)推舉史良，王孝英，陸禮華，郁懿新四人爲代表，與抗敵後援會及地方協會接洽，請把適宜於婦女担負的工作，交由該辦事處負責辦理。(二)積極進行組織家庭婦女，並勸募節衣縮食捐，當推定節制會，女青年會等起草計劃，下次會議再商討切實辦法。

（八月十七日大公報）

85

在火線上出死入生的閘北救火隊員

這一次，我們的戰士爲保衛閘北曾作七十五日的艱苦戰鬥，已使舉世震驚；而最後英勇的孤軍還死守閘北一角，又成為世人矚目和話題的中心。但是同在閘北，另外一羣人，他們也是一般英勇堅毅地在艱困中工作的，就是閘北救火會的救火隊員。

他們從戰事開始直到我軍撤離閘北的一天為止，就一直在燄火中的閘北出死入生，用最大的毅力工作着，但是外界是不知不聞的。

他們不顧救火機械和工具的缺憾，在敵機敵砲日夜轟炸之下，和火燄苦鬥，這情形證明他們是保留着救火員最優秀的傳統。

八一三之後，閘北平均每天起火總有七八次之多，這些日子，救火員是一天整整廿四小時，用有限的設備和人力，憑着果敢沉着的態度奮鬥着。

閘北火災在這次戰事中已遠遠突破一二八淞滬戰時的紀錄，據許多觀察家估計，這次所有火災損失的總數已達數千萬元；而十月二十七我軍從閘北撤退的一天，閘北總有十三處捲起漫天大火，使整個閘北浸淫在火海裏，這樣的狂火又是中國歷史上空前未有的。

救火員們在前後六百次左右的大火中搏鬥，不消說，遭受損害是難免的，但是至今他們沒有人申訴過他們在非常局面下工作的困難和痛苦；七十五天來，他們是沉靜而冷漠地克盡了他們的責任。

直到閘北淪陷了，救火隊才解散了，使救火員們拋離了化盡心力的一片焦土。此刻他們雖然散了，但是我們已深深地紀念起他們來。

這英勇的閘北救火隊員本來是半官性的組織，雖然經費一部是政府供給的，但大部還得閘北居戶接濟，有時須按戶勸募得來，有時還要公演義務戲來籌款的。救火員們都是義務服役的，大都是有身家的職業青年。

在平時這種境遇之下，抗戰期中閘北救火會竟然發揮這種偉大的精神，作壯烈的苦鬥，的確是難能可貴，也是抗戰中英勇事蹟的又一表現了。

（十一月五日立報）

87

老毛子

天笑

『太太！您做個好事，捐一升米吧？』

88

『先生！我們湊幾個錢，搭一個蘆蓆棚，讓他們有個安身之處，暫避一避風雨吧？』

這是一位鬚髮如霜雪，龍鍾老邁的俄羅斯人，人家稱之爲白俄，上海人呼之爲羅宋人的。他在他所居住的衖堂裏，向全衖堂居住的人，一家一家的募化錢物。這個老白俄，他孤單的住了人家一個小亭子間。他無男無女，可是人家都認識他，他來上海有廿年了，他會說中國話，大家呼之爲『老毛子』。

虹口砲聲響了，許多難民都向法租界跑，他這條衖堂裏，也住滿了難民。有的兩日兩夜沒吃東西了。有的露宿在衖堂裏，一無遮蓋。中國人不管中國人嗎？老毛子看不過，他出來向各家募集。他是一個白俄，他是被驅逐出國的人。

他貼了煤火，他把飯米煑熟了。可是他不善於煑飯，弄得飯不飯粥不粥的，又恐怕不夠他們吃，又沒有碗筷之類。於是他把飯做成一條條的長飯團，他分給衖堂裏席地而坐的各難民：每一大人兩個飯團，小孩一個飯團，奶孩子的女人，加一飯團，他說：

『我們國裏，對於奶孩子的女人要保護的。』

每一飯團襯着一張潔淨的紙，沒有碗筷，也不至於不合衞生了。還有衖堂裏某太太捐的，每一飯團，是一根鹹蘿蔔乾。他瞧見那班難民們吃得很香，他也笑容可掬的，很爲滿意。

『我不過當當差。』他向看弄的人說，『捐的東西，還是你們中國人自己捐出來的。逃難是可憐的，我也曾嘗過這個味兒。都是日本人害了人，都是好侵略的日本人害了人。』

諸位讀者！誰說白俄中沒有好人？

（九月六日立報）

89

一個覺悟的日本商人

昨有提籃橋仁壽里居民卅七人脫險逃抵蘇州河南，據談：渠等同住仁壽里內，『八一三』開戰後，鑿處里內無法逃出，惟因久住該處，故與附近日人頗有交好者。前日下午忽有人敲門而入，見係里口食物店主某日人。彼卽勸該難民等速速離開，且願設法營救，遂點明人數，由彼書一證明及准許的字條，約於次早天明時立卽啓行。當卽遵照指定路線，出里門向目的地而來，沿路日哨兵查驗字條後，立即放行。七時正安抵外白渡橋，入此安全區域。惟手中不准攜取物件。該日人亦穿軍服，袖口有一行金線，服役在鄉軍人部。有一子在羅店戰死。自謂恐亦不久於世。言時神色凄涼。淚珠簌簌下。當與衆人臨別時曾放聲大哭說：『從此人世間無再見可能。我輩友誼何苦如此下場。』又該日人言，據其調查，提籃橋一帶匿居室內男女居民，約共有一千六百人。

（九月二十一日立報）

六　砲火下的上海

這東方巴黎的上海，完全處在砲火下。到處能聽到大砲聲，炸彈聲；到處有中流彈的危險；到處可以看見可恨的敵人飛機在翻觔斗，擲炸彈。但這都不算。最可注意的是各方的社會生活都改變了，各區的情形都不同了，各方面各地方都落到敵人的蹂躪下！

本篇所輯，是關於砲火下的大上海之各方面情形。有的是我軍的後方，有的是敵人的佔據地，有的是經歷過砲火的戰場。敵人之殘酷亦可在這裏看出個大概。我們要想了解戰爭，了解社會、了解政治，應該對砲火下的社會各方面深加注意。並且只有從這裏才能表示出淞滬血戰的酷烈。

楊樹浦怎樣了？

戰事發生以後，滬東一帶遭敵人殺死的殺死，放火的放火，成了一個火燒世界，恐怖區域。此文的記載是居民非死即已逃光，大火未熄時的事實。

公共租界東區楊樹浦一帶，連日正因日軍敗退而成激戰之場，且發生大火。該處近情如何，當爲衆所繫念。下面是一位法籍記者冒險視察東區戰地後的記錄，特爲譯出。

因爲我答應了聖心醫院的女教友，准於昨天去望看她們，所以購辦了很多的青菜，應她們及許多病人的急需，滿載一車，於下午二時前往。雖然日本報紙說那裏如何危險，但是我却不管。

91

車抵外白渡橋，雖有通行證，然亦不許通過。我當時想，所帶之菜蔬，恐不能送到我辛苦備嘗的女教友之前，心中非常難受。此時適公共租界巡捕房監察費利浦君駕車馳至，經其通融，居然打開難關，這可算出於意料之外。

到百老匯路，戰地光景，乃呈眼前。從華德路起至鄧脫路監獄附近，幾盡受火災。監獄中囚犯，想尚不知昨日所聞槍砲聲從何而來。由監獄前行，兩旁多係燒壞的房屋。昆明路監獄看守人所住房屋，尚甚完整；然其對面之房，火燄飛騰，正在燃燒之中。

到自來水公司稍停，此處現由英兵把守。大尉布原君亦於此時巡查至此，吾等與之稍作寒暄後，卽直去醫院。抵院將菜卸下，遇附近修養院之神父等，彼輩因學校已被日軍佔據，乃暫住此處。女教友對我們極表歡迎，堅留稍息暢飲後，始許歸。彼等謂前晚曾葬埋屍首八具，尚有十四具待葬。臨行，衆女教友請余向日軍索一證明書，因該區死傷者太多，要求准許她們出外救護；我乃向附近駐軍官請求，已得其許可。

我與費君乃向楊樹浦底而進，直至中國造胰公司，該處現由巡捕看守。路上遇一潔白山羊，及兩黑白花之貓，此乃災區僅有之生物。鐘鳴五下，吾等乃作歸計。路過二巡捕，不准前往百老滙路，謂彼處正在開火，我意若不能早回，則上海方面友人必甚盼念，無奈只得作罷；時中國飛機正來擲彈，我們乃到隣近某工廠內暫避，工廠兩俄捕對我等甚優待，彼等絲毫不懼，胆較吾等為壯。飛機走後，我等乃試前行，至滙山區又被阻，幸有一巡捕汽車由此路過，我車始得尾隨而行。南洋兄弟烟草公司工廠之兩塔均被燃燒，所過之處，流彈四飛，我等幸未受傷。至吳淞路巡捕房下車休息，大飲啤酒，遠觀後面之火，如一火山，燃燒正烈也。

* * *

八月二十一日晚，英文大美晚報載該報記者前日下午騎自行車視察虹口及楊樹浦戰區之目擊記，茲譯述其要點如下。

該外國記者自外白渡橋出發，見沿百老滙路盡是難民，向公共租界逡巡前進，蓋深恐有流彈飛來也。至蘇州橋畔，彼等所攜之什物，皆須加以檢察，方能放行。東百老滙路沿街盡是玻璃，在招商局北棧碼頭之對過，公平路及鄧脫路之轉角處，一片房屋皆行着火，街中有一華人死屍橫臥，一日本哨兵則佇立道中。在中國木材公司及中國肥皂公司附近，尚有公共租界之外捕及日捕，安坐肥皂木箱上，等候換班，彼等與總捕房之電話線，前晚已被砲彈擊斷。在楊樹浦及虹口區域，各舖面之玻璃皆已破碎；米店，酒舖及兌換店所受損失最大，並有若干綢緞店曾被搶劫，嗣因捕探照常巡視，搶劫之風業已少殺。在楊樹浦路中間，有一片已被火燒之房屋軀殼，水管尚未關着，殘破水管中之水，尚噴射於灰燼之中。旁有沙包一堆，由數日水兵把守，除該日兵外，此區已無一人，異常荒涼。該記者沿楊樹浦路轉來，改趨韜朋路，南至平涼路，道中砲彈及炸彈所炸之痕跡頗多，滙山路有炸彈所炸之洞二；至華德路西牢附近時，情形更慘，寂無一人。一炸毀之載重汽車橫亘道中。茂海路及熙華德路交界處，一羣房屋正在激烈燃燒中。因恐北去有中國軍隊，而南方又有大火，乃趨昆明路，有某木材煤炭公司房屋業已燒毀。該處除有三五俄人尚在弄堂觀望火勢及日兵外，并無所見，該處已離火線不遠矣。至塘山路時，遇見一羣男女痛毆一乘火搶劫之強盜。過東有恆路及岳州路時，又見一死屍，一彈自鬢角穿過。至鴨綠路時，華兵正開槍射擊乘摩托自行車巡察之日軍；在沙袋堆後之日軍亦以機槍還擊。途中更有棺材二一。楊樹浦方面一部日人，外表尚示鎮靜。該記者謂當經過正在燃燒中之房屋時，劈拍之聲有如機槍，最後謂今日情形業已變遷，前日屹立火燄中之房屋，此時恐亦盡成灰燼矣。

（八月二十二日大公報）

日昇樓慘劇發生後

比耳

八月二十三日，日機向南京路日昇樓門前的馬路上擲下了一個重百餘磅的炸彈，這地方是上海繁華中心，故死傷極重。本文所寫是死者停屍所的情形。

這是抗戰中最慘痛的插曲，這是人世最悲慘的畫圖。在停屍所畔的廣場上，暴露着殘腿的，缺臂的，無頭的，男的，女的，老的，小的，被炸彈轟炸的屍體，蒼蠅聚集着，發出腐爛的氣味；有的屍體破碎得不成人形，有的屍體腐爛得不成樣子，這是此次敵人炸彈下的不幸者，這是抗戰中最慘痛的犧牲人羣。

要抗戰，自然就不免犧牲；前方血性的男兒在爲國殺敵，後方的人們也應該援助前方的將士，但是誰也沒有料到，在先施公司的門口，會被敵人擲下一顆猛烈的炸彈來。在此次死難的人們，有的是在戰區中逃難的難民，根本無家可歸，因爲他們的家被砲火燬了，而有的是在日昇樓經過，而不幸遭此慘刦的。家庭裏還在等候他回來，而他們却在炸彈下犧牲了。一天，兩天不回來，方知道是在日昇樓遭此不幸了，可是，死的人有這樣多，而且被炸彈的炸燬，有的人四肢不全，有的人黝黑得難認；同時，在遭難的時候，秩序是混亂的，誰人知道是誰個的屍體呢。同時，因爲死難人太多，慈善團體一時來不及掩埋，所以，不得不暫時的『暴屍』了。

自己的兒子不回來，或者是丈夫不回家，知道是在日昇樓遭難了，可是，屍體在那兒呢？因此，不得不來尋找，不得不來辨認，在百餘具屍體中間，不時來往着尋找屍體的人們。有的白髮老母在找尋他的愛兒，有的年青的妻子在找尋他的丈夫，苦惱着臉，慢慢的在屍叢中辨認。

『咦，這個人的衣服好像是他，爲什麼面孔又不像呢？』一個年青的摩登少婦，指着一個穿一身西裝，可是面貌血肉不清的青年屍體，向着陪伴她來的老婦說。看樣子，這個女人是在找他的丈夫，跟隨她的老婦是她的娘姨。

『不是的，少爺那裏是這個樣子呢。也許少爺到別處去了，沒有死也說不定。』老婦這樣的安慰着年青的婦人。說着，又離開了這一個屍體到那一個屍場去尋找去。

『是呀，就是他呀。』一個青年人找着一個手足俱無的屍體，可是，面目依然是認識得清楚的，這樣的驚叫起來。旁邊的一個婦人，看見以後，就傷心的哭了。

我看見這幕慘劇，我走上前去問死者的情形，以及此次遭難的感想。

據那一個年青的人告訴我：死者是他們的哥哥，本是在南京路一家商店裏作事的，那一天剛巧從日昇樓經過，遭遇此次不幸，死者還有一個妻子。

談到此次遭難的感想，他說：『在這個時候，我們應該爭取國家民族的生存，個人的生死是值不得什麽的，哥哥的死，假使爲了殺敵而死，我們是不應該傷心的，可是，却遭着此次敵人的投彈而死，那是太悽慘了。』

這是抗戰中最慘痛的插曲，這是人世最悲慘的畫圖，我想，血的債應該是用血來還的，我悲痛的離開了停屍所，看見日機在空中盤旋，心裏起了莫明的憤恨。

（八月二十五日大公報）

南站視察記

戰事發生，北站成了戰場，南站便成了難民流向內地的咽喉，所以當時旅客的擁擠情形，正如此篇所述。但以後不久，日本帝國主義者竟向此難民叢由飛機大擲炸彈，男女老少死傷數百。由本文所記旅客擁擠情形，可想而知被炸時的慘狀了。

自從黃浦江揚子江的航路被封鎖，北火車站的交通被阻斷以後，南火車站的地位便更加重要起來了。近幾天來，有成千成萬的人到南火車站去，想從這裏離開上海的砲火線，同時，日機更不斷的在南站的上空盤桓，因而，關於南火車站的一切，近來已變成了人們所注意的焦點。

爲了要明瞭南火車站的情形，特別跑到南站去視察了一次。

時間是下午四點鐘，天空裏敵人的飛機，不斷的發出隆隆的聲音，法租界與南市間所有的鐵門都已經關閉了，只有老北門時關時閉的可以通過，從民國路，中華路，陸家浜路向南站走去，沿途所看見的，是我們忠勇的保安隊與保衛團的警戒步哨。在沙袋與鐵絲網間，站立着荷槍實彈保國衛民的士兵，眞是令人非常的感奮！

街上雖然貼着『防空淺說』和警告市民躲避敵機的標語，但在敵機盤旋的時候，仍然有不少的人坐立在馬路兩旁，在死寂的市街裏，表現着他們的悠閑與鎭靜！他們沒有錢，也不能捨棄他們賴以生活的家屋，他們只好死守在這裏！

到了南火車站，舉目一望，車站內外，全被候車的人所佔據了。入口的地方，擠得來水洩不通，三個月台，被擠得簡直不能令人插足，男的女的，老的少的，有的坐在地下，有的站在旱橋上。統計一下，至少也有兩三萬人。有的女人，背上負着孩子，擠得來汗流浹背，有的人把孩子擠失了，在人叢中狂呼亂叫的尋找，那種忙亂苦痛的狀況，眞是令人在緊張中感到淒楚！

嗚！嗚！嗚——一輛車頭馳過來了。月台上的羣衆發狂似的衝了過去，雖然只是一個機頭，可是，許多人却奮不顧身的也爬了上去。一擠在那煤車上面，煤屑不斷地往下落，而人們仍拚命地爬在上面。

有的人已經在車站等了兩三天，仍然得不到上車的機會。有的已經把上海的房子退了，一心要上火車，然而又不可能，於是，整個車站裏每個人都表現着焦灼和失望！跑去訪問車站上的辦事員，據他說：近幾天來，南站方面開出的火車，根本沒有一定。有時一天四五次，有時一天只有一二次。而且坐車的人太多，車輛太少，車子的調度，尚無多大辦法。

我問他關於日機在南車站轟炸事，據他說：直到現在為止，尚無此事。前日報載我十六日晨開出之車被日機炸轟退回的事，是外間的謠言。不過，十六日上午八時，有流彈在車站後擊傷了七個人，倒是事實。

看整個車站上擠滿了二三萬的人。倘若敵機來襲，這倒是極危險的事情，希望當局加以注意！在歸途上，當我走過新普育堂門口的時候，從牆外聽見裏面貧兒們在唱救亡的歌聲，這與我牆外士兵的刀光劍影相應和，使我覺得在這死寂的南市，實際上是有個新生的力量在那裏支持的。許多人何必要坐火車逃避，何不變成一個新生的力量來保衛上海咧！

（八月十八日大公報）

101

三十餘同胞被日兵毒打

昨天記者在克能海路鐵欄處無意中遇到一個被日兵虐待過的小販張妙富，他說：他本是英商老晉隆洋行的工人，在戰事爆發後的第二天上午七時，他在虹口四卡子橋被日兵捕了去。先押到沈家灣後東洋小學，一起用繩把手脚都綑在欖子上，總共有二三十個人，先每人打幾個嘴吧。由善操華語的日兵問：『你們有受過公民訓練的沒有？』大家當然說沒有了。晚七時許送到蓬路日本人俱樂部，那兒的窗子是用蓆子遮住的，裏面點着電燈，由胸間掛着『補助憲兵』紅字白條的日商民訊問他們。又問：『你們當過兵嗎？』『誰會說日本話？』問過就把所有錢都拿去了，每人又打了一頓。晚上十一點左右，共卅一人又押到東武昌路三元宮一齊用繩索吊起來，由一人問口供，一人記錄。接着殘酷的刑罰便開始了，先是用木棍打屁股，打得一個個鮮血淋漓，後來又用廟裏的毛竹條抽，抽壞一根又來一根，身體好的打得更厲害，每個人都打得發昏。這樣一直打到天亮，纔讓你跪下來。小便時，他替你把褲子拉下，讓你撒在褲子上或地上，然後再跪下去。

十五日晨，每人前面丟了一個飯團，一塊臭東洋蘿蔔，要你把頭觸到地上像狗一樣的去吃。這眞夠人受的！有的前面竟放了一塊爛泥，要你低頭注視，旁邊有人在監督着，你一轉眼，籐條就落在你身上了。這非人待遇共受了卅四小時，在下午二時饒倖的送到虹口捕房，在那兒問過姓名，送到外白渡橋，這纔重見天日！

記住，敵人是這樣對待我們，爲中國，爲人類，我們要消滅這羣野獸！

（九月八日立報）

閘北房屋千萬間，可憐轉眼成焦土

『保衛大上海』，現在不是空喊的時候了！要緊急執行着『保衛大上海』的有效工作！

『焦土抗戰』，我們還未作到驚人的程度，敵人的『焦土侵略』，可說澈底的施予我們了！

不信，睜眼看看！登高一點看看！走到蘇州河邊看看！

我們英勇的將士，在滬與暴敵苦撐了兩個半月，因爲大場一點被敵突破，閘北顯然陷於三面被包圍的狀態中，若不及時撤退，勢必中敵奸計。

敵機瘋狂了！

我們有計劃地撤退，早在前天夜間實行了。敵人昨天整整搜索了一天，晨五時許，就派出大批飛機，約達四五十架之多，在滬西梵王渡，大西路，中山路，虹橋路一帶盤旋偵炸，並用機槍不斷掃射。一直到午後五時半光景，才紛紛飛去。

敵機在滬西轟炸時，除在租界區域內炸傷居民百餘人外，最慘的是白利南路上的申新紗廠，雖在砲火中渡過了兩月多，勞資雙方仍努力維持着工作，想不到在我軍撤出整

103

個閘北的時候，還遭受了敵機這樣慘酷的轟炸。

因爲敵機的整日威脅，救護人員不便工作，所以申新職工死傷的確數，到晚間還沒有人知道。據逃出的工友說，至少有一百多人。

記者昨晚七時前往調查時，有許多女工還逗留在梵王渡鐵柵門附近的馬路上，向探捕們訴苦：『先生們，做做好事吧！讓我們幾個人過去。我們的爺爺因爲年老沒有逃過來，一天沒有吃，晚上還沒地方住，我們接他過來好不好？』

『那有什麽辦法，這裏過了六點鐘，誰也過不去，就是讓你們過去，也過不來了。』幾個華捕很同情而沒辦法地回答。幾位女工們雖然絶望了，仍彳亍不肯走開。

彌天的大火

公共租界工部局的救火車與救護車也駛去了好幾輛，但是停留了好久，眼看着彌天的大火延燒，而沒有辦法去撲滅；分明是好多工人在申新紗廠裏呻吟，也不能越鐵柵而去營救，到底還是空車開回了！

無量數的旅客們，多在旅行社買好了車票，有的來趕六時整的京滬車，有的想搭七時半的滬杭車，都在這裏（梵王渡）折回了。

虹口，楊樹浦，閘北，江灣……淪爲戰區以後，有錢的人家可以逃到租界，或者散往各地，惟有許多貧苦市民，逃既無錢，租界居亦不易，於是迫不得已，只有暫住在靠近租界的滬西近郊。

不料，我們軍隊撤退第二道防線後，敵機竟瘋狂地轟炸，尤其是瞥見了平民草棚，好像這羣野獸的眼中釘，轟炸還覺得不夠，竟用機槍低飛掃射，迫得成千累萬的貧民，扶老攜幼地逃向租界。

逃不出死亡線

在敵機凌空肆虐的時候，租界方面還可以冒險地自由來去，據說逃入租界的有五千多人。等至敵機散去，鐘敲六點的時候，租界各處鐵柵封鎖了，迫得約莫一萬五千多難民走頭無路，只有蹲在地上等天亮。飢寒交加，敵機來襲，機槍如雨點般的掃射下來，誰也無法避免！

敵人轟炸難民還不夠，凡在蘇州河北岸的民房，都成了敵人洩憤的對像，在所謂『威力搜索』的情勢下，我們商民不知幾千萬間的房屋，都被敵人縱火焚燒了！

悲壯的鬥士們

記者於昨午後五時許在新垃圾橋前北望時，敵人引起的火焰高數丈，整個北區都在紅光的圍繞中。在煙霧瀰漫中，仍不斷有機槍與手溜彈的射擊聲。據說，我們的掩護退却的部隊，仍有數百人堅守蘇州河北岸的幾個據點內，敵人雖用火力威逼，但是我們的英勇將士，早把生死置之度外，不會屈服的；並且在敵人冷不防的時候還殲滅了好多個。昨晚聽說他們只請求軍部補充他們一週食糧，一切不必顧慮了。這樣的壯烈精神，將予敵人以巨創！

沿蘇州河西行，在烏鎮路橋的北面，福源福康錢莊聯合倉庫，江蘇銀行第一倉庫，交通銀行倉庫幾所大房的後邊，都在少數往來梭巡的敵兵監視下，起着無邊無緣的大火！

一座火山口

在新聞路橋的南岸，記者正在視察時，忽然蘇州河裏飄來了一隻難民船，滿滿地載了約莫有二十多個人，由一個『道士』裝的男子與幾個帶輕傷的婦人駁動着。

『喂！你們從那裏來？』記者驚駭地問。

『先生，救救我們呀！我們房子燒光了！』一位老年婦人大聲着哀呼，沒有顧得切實回答我。

『你們到那裏去？』一位同行友人又問。

『到那邊去。』這句話剛剛答出，船就匆匆開去了。記者又繼續前往麥根路，蘇州河北岸的同德洋棧的房子，正像一座整齊地的火山在爆發着，三五個敵兵很得意地看這蔚藍天色陪襯的金黃色火花，不知愉快到何等地步！

107

宜昌路橋北的中央造幣廠建築，敵機敵兵均未毀滅，可是近旁的大隆鐵廠，早經

108

炸燬了！附近的平房，也於昨晨十時燒完了。

記者驅車歸來時，半個大上海還在敵火包圍延燒中。

（十月二十八日大公報）

敵軍把持下的閘北

我軍因戰略關係，前日忍痛放棄閘北，移守新陣地，敵軍先頭部隊即進佔蘇州河北岸一帶，與我軍相持於周家橋沿河一帶。蘇州河北我國居民未及隨軍退出者甚衆，昨因不堪受敵蹂躪，大都冒死越中山路而逃入租界，藉以保全生命。據談：敵軍於前日上午九時四十分先由小部隊二三十人探索前進，防我軍襲擊，入境後即在每一街口架設機槍，迫令居民幫作簡單防禦工事。閘北救火員三名及警士一名不及退走，被敵所擒，用釘釘於木板上，置之新閘橋堍。下午按戶搜索煤油燈及白米，並調查戶口，入晚日兵十餘人為一隊，按戶稽查，如白天戶口紙上註明四人，入晚有增減，即將此戶全部居民一概槍殺，致被殺者無算，箱籠物件，年青女人，均被敵人刦掠一空。昨日上午敵更變本加厲，將年在十六歲以上，五十歲以下的男子悉數捕去，關閉一室，檢驗雙手有否老繭，如有卽命之持槍，如槍與老繭吻合，卽予槍殺。同時復不分男女老幼，一概在大腿上加蓋『日本』二字火印，不願者加以槍殺。故敵把持下的閘北，現已成一萬惡魔窟。又閘北大統路，梅園路，共和路一帶，有平民多人未及逃出，致悉遭敵軍拘捕。壯者強迫其担任引路及運輸工作，老弱婦孺則解至黃興路鐵路旱橋附近，排隊成列，然後用機槍掃射，一一加以擊斃。

昨日閘北敵軍及漢奸除在岸上殺人放火及搶刼外，並向蘇州河中民船用機槍掃射，未離船船戶，均慘遭擊斃。又舢板廠新橋對岸敵人，見蘇州河中有一民船卽強令靠岸，該船船戶初置之不理，敵卽用槍射擊。該船不得已乃向北岸停靠，船上老夫妻一對及一少年，均被迫令上岸，先用刺刀將老婦刺死，再將老者刺死，其年少者睹狀，自知不免一死，卽徒手向敵人衝搏，不幸慘遭擊斃。

（十月二十九日立報）

南市浦東大火蔓延

此是我軍退出上海後，閘北被大火燒光之時，南市浦東的大火情形。經此幾場大火，上海除蘇州河以南的租界外，盡成瓦礫場矣！

南市全部淪陷已三日，到處有人放火，自日暉港以東沿南黃浦一帶，烈焰燭天，迄昨餘燼未熄。入晚由租界南眺，東南半壁，仍見紅光一片。十六舖小東門一帶，昨續起大火，鹹瓜街會館弄已成一片焦土，並延及東門路，將福安公司焚燬，火勢波及鄰居南昌南貨店，申成昌茶食店，永安襪廠一帶而至水果行區域，火勢甚熾，其對面即是法租界，火勢頗有殃及之虞。是以法租界救火會特在小東門魚行街通水，經香園路源康水菓行而達東門路，設法灌救，迄晚尚未熄滅。當南市小東門放火時，鄰近一帶有居留之民衆，至小東門裘天寶銀樓前，被敵槍殺兩人，東門路亦被槍殺兩人。

浦東爛泥渡大街北段昨又起大火，烈焰甚熾，焚燒至晚未熄，燒燬市房二三百間，經連日大火，該地已無一間完整之房屋。同時楊家渡招商局碼頭旁房屋，亦在燃燒中。

又前晚九時許，老白渡市街以南火燄冲天，照耀如同白晝，焚燒至午夜，餘燼尚未熄滅，共燬民房四五百間。敵軍昨晨曾宣布居民祇可渡往浦西，不准再回浦東，昨午後有十餘貧民假道某外棧，跨越牆頭，擬回家搬取物具，詎甫經下牆，被敵軍發現，遽將諸人一律槍殺。各處扣留之無辜平民不下數十人，浦東大道東首各小浜南，屍骨遍地，鄉民路過咸為酸鼻。另有一批死屍係在新三井碼頭擲入浦中，前日傍晚隨潮浮至新開河浦面者，有男女屍三具，一係保衛團員，身上制服子彈尚未卸去，另二人一係女童子軍，一係身穿旗袍之少女，身上刀傷甚多。

（十一月十六日大公報）

111

七　難民與漢奸

難民與漢奸是砲火下的社會現象之一，然而却是應特別注意的社會現象。

無法解決難民問題，則民族抗戰的力量便大削弱，無法制服漢奸並消滅漢奸，則敵人在我們國內便能猖獗自如。華北的傀儡政府不是已成立了嗎？

誰能打倒並制止這些甘爲傀儡的漢奸呢？只有民衆力量；但難民正是民衆力量的遭難。

漢奸誰都知道可殺，但漢奸產生的根源是貧苦的無知民衆之無法生活。怎樣解決難民生活呢？這眞是個嚴重問題。因此，本篇除描寫難民與難民救濟，漢奸與捉殺漢奸的文章外，殿以夏雷君的『一個嚴重的問題』。

逃出死亡綫的難民

逸　霄

本文所述係『八一三』戰事開始時的情形。

上海戰事的發生，謠傳已經不是一天。當然咯，經濟富裕，或過得去的人家，早已出了昂貴的租價，遷居到比較安全的地帶去了。到前晨戰事爆發，靠近火線，或遭受到敵人的飛機炸彈的威脅的居民，由於生的自然的慾望所推動，也就不得不收拾了一點重要的衣服與用器，扶老攜幼的拚命向距離戰區較遠的地方逃去。

租界受了特種的蔽護，是比較安全的地處。而法租界比公共租界離得戰區更遠一點，因此大家相信，逃避到法租界裏是最沒有危險。於是，一批一批的逃難者，從前天到昨夜，從浦東，從南市，從閘北，楊樹浦，以及江灣等處，像潮水似的都逃向租界來。然而，這些在戰爭發生後才逃出來的人民，大多是工廠的工人，小販商人，或做手工業的，平時工作一天生活一天，很少有積蓄的金錢。他們一家老少逃出之後，只好就地為家，如弄堂前的過街樓的底下，商店前的屋檐之下，是他們最好的棲息之所。

昨天晚上，記者到館工作的時候，僅僅是八點多鐘，電車已經停止通行，黃包車要價非常昂貴，於是索性從薩坡賽路，經過蒲柏路，吳淞江路，八仙橋，法大馬路等處，一直步行到愛多亞路，為的是想觀察一下沿路難民的情形。

長長的馬路上，行人是非常地稀少；在冷落寂靜之中，街燈的光似乎格外顯得黯淡；秋風驀地吹得十分勁遒，更加上了一種肅殺淒涼的氣氛。我兀自踏着脚步，低着頭急忙前走，飛機隆隆然好像就在我頭上的空中盤旋，我心裏不自覺地感到一種恐惶與驚悸。是的，世界上的人類，對於別人加到自己身上的死的威脅，誰也不甘默然忍受，誰也要想掙扎一下，希望能從死亡線上逃到生的境地！現在，我四萬萬五千萬優秀的中華

114

民族，正在發揮這求生的偉大的力量，這力量是畢竟未可藐視的啊！

走到吳淞江路的盡頭，驀然看見一個中等男子，在用他的右脚，踢着拋在磚牆下電桿木旁的一個用破舊藍地白花粗布包着的長形包裹。他或者以爲是那一個逃難者遺落的衣包吧？他踢了之後，還用手去細按了一下。誰知那是一個未滿週歲的已死的孩子，在離亂奔逃之中，愛兒病死在懷中，也只好不顧的丟在路旁了。我目覩了這慘像，我當時疑心我是踏進了鬼魔的世界，而決不信尚在萬物之靈的人羣中活着！

八仙橋菜場是避難者最好避難之處，因此那裏面已擠滿了人。電燈是息滅的，附近的小販攤也四圍用藍布遮着，布裏只點一支臘燭。據說是爲躲避敵機的襲擊，因爲在大世界的旁邊，已經有炸彈擲下，猜測敵人的用意，還在痛恨着這般流亡者的生命殘留！

法大馬路兩旁的邊道之上，齊集着的難民也有不少，男的，女的，老的，少的。有的舖着條蓆，一家老少就躺在上面；有的就橫在氷門汀上，把堦石當作枕頭；有的就團坐在地上，在吃着燒餅饅頭；有的還在談着逃出時太匆忙，忘帶了什麽什麽東西。我清晰地聽到一個婦人在說：『一雙膠皮鞋忘了拿走，還是新買的呢。』她似乎在不勝惋惜着那雙鞋子。的確，一雙膠皮鞋，在有錢的人看來，只值區區幾毛錢；然而在於她們，是或者想望了好久，經過了苦心的積蓄才能買到手裏，如今一旦失落，是怎樣大的一宗損失呵！

昨夜的風，不知爲什麼，吹得特別大。我想像到那澈夜的冷風，侵襲着露宿在街頭的他們的身上的時候，我怨恨上天爲何要這樣虐待他們？但我一想到瘋狂地飛舞在空中的敵機，我又希望上天能立刻來一陣暴風大雨，把那些敵機，吹落迷失在太平洋上！

我懷着滿腔矛盾的思緒，在寂寞黯淡中茫然前進，直到報館樓上，重又見到了電燈的光明，才把心頭的憤懣稍稍舒息了一下。

（八月十五日大公報）

115

一幅流民圖

以下兩文係我軍撤出上海市區時的難民流亡情形。

上海的民衆，大概還都能記得，當滬戰剛爆發的幾天，法租界的大小馬路之上，充塞着從浦東，虹口，楊樹浦等區逃出的難民。那種扶老攜幼，背着破蓆，提着小包，歧路徬徨，流離失所的情況，眞是極盡了人世的悲慘！想不到時逾二月，從蘇州河南我軍向後撤退，軍事當局命令南市駐警及一部士兵死守南市之後，使南市及浦東的無數人民，又飽嘗到了流民的悲苦！

坐在家裏安閑享福的紳士淑女們，誰能想像到馬路上驚心動魄的狀態呢？

這是昨天黃昏，記者巡視法租界東南一帶所見到的情形。

火光把半天照得煊紅；黑烟像烏雲似的向天空在直冒。充塞各大小馬路上的難民，男女老少，肩挑着箱籠衣包，也有的拿着一條破蓆，一個小包裹，或幾個瓦缽，一隻竹蒸籠……。看來都是不值錢的東西，但那是他們的家產，他們血汗的代價所換來的寶物，決不忍拋棄，要攜帶着隨着他們到任何地處。眞的，那些東西同他們生命的關切，確比富人的汽車洋樓重要得多。有一個老年婦人，還在生病，怕遭了風，頭上裹着一塊黑布，穿着件棉絮綻出的破棉襖，手扶在一個小女孩的肩上，又喘又咳的向前走着。孩子太多的女人，手裏牽着兩個，懷裏抱着一個，背上還背着一個，她一面走，一面還在回頭望着那火光下的家，她流連着，徘徊着，孩子在喊着：『爹爹怎麼還不來？』他們的爹爹不知是否已葬身在火窟？還是僥倖逃出，也同他們在一個方向奔來？

他們都只知道向前走，走，背了那紅光半天的方向。但究竟走到那兒？那兒是他們安身的方地？這問題，不但縈繞在我的心裏，恐怕連他們自己，也是茫然不知吧？

聰明一點的，看見小馬路上洋車廠前停着的洋車，就扒了上去，張起的車篷，可以暫蔽寒露冷風，假若廠主或警察不去干涉，倒也可以坐着度過一夜，到明天再作計劃。還有的是擠在弄堂裏的過街樓下；也有的就坐在人家門前的階上；有的靠在牆根下在哭泣，有的坐在地上在向過路人訴述着逃亡的經過。

但大馬路，小馬路上充塞着的難民，還是在向前走，走，不停的走。他們究竟走到那兒呢？他們的家，已在紅光黑烟之下化成了灰燼，化成了什麼都沒有！這流離，這苦痛，這悲慘，是戰爭惠賜給了他們；而這戰爭是日本軍閥要侵略我們的國土，要剝奪我們的生存才造成的。不知他們在茫然前進的時候，也曾想到了那禍根而痛恨，而立志要報仇沒有？

（十一月十二日大公報）

117

十萬難胞在敵軍刺刀下掙扎

南市難民區昨天還是難民蟻集，自來水雖然接通了，但一般情形仍在極度混亂狀態中，而敵軍在下午終於侵入了難民區，使十多萬難民的安全，遭受了絕大的威脅！

在這裏，記者不能不再把昨天一天悽慘的情景，向讀者報道，並大聲呼籲：趕快解救難民區內的十多萬同胞！

昨晨的情形已比前晨嚴重一層，三天的絕食露宿，使原先奔波動亂的難民們也萎頓了，無數老弱婦孺自然更受苦了，這裏記者眼見的難民，簡直使我不信是以前安居樂業的平民，像是已遭受了三年徒刑的囚犯。那麽這怨獄又是誰促成的，不消說，是我們的民族敵人！

記者身旁，正有一位年邁龍鍾的婦人在鐵門邊號哭，她唯一依靠的孫子被困在南市了，此刻連人影也找不見，是死了還是雜在人羣裏，誰也不知道。老婦人終於哭倒在門邊，路旁很多人下淚；誰無子女，誰沒骨肉，這遭遇又怎令人不悲痛？怎令人不憤恨？

沿民國路法租界居戶和各慈善團體，昨天都購製大批光餅饅頭等，設法送入難民區分發，使嗷嗷待哺的難民羣得到些僅有的果腹東西，但是哀鴻遍街，那能普遍救濟得了。

南市南部整天還在焚燒，這狂火又吞噬了無數人的居屋，他們是回不去了。

十二時廿五分，新北門障川街突然由城內穿出敵兵卅多名，將沙包佔據，插上太陽旗幟，用槍刺將四圍難民驅散，這時整條民國路的難民是受驚了，墜進恐怖的深淵裏，畏縮到路旁去，聲息全絕，他們原本是『待宰的羔羊』，如今又成了鐵蹄下的囚民了。日兵隨着就列隊在沙包面前太陽旗下，攝了幾幅影，一面也對難民羣拍照，躊躇滿志，很得意的樣子。

一點一刻，敵兵分成幾隊，由班長率領，東向佔據新開河沙包，西向又搶佔了老北門的工事。

119

二時廿分，新北門又穿出小型坦克車二輛，西向循民國路巡行了一週，機聲軋軋，輪齒也把我們的路面咬破了；步兵十四名也隨車遊行示威，馬路兩旁我們非武裝的平民都呆住了。

一點半，三個工友模樣的青年在潘家街口被抄，檢查了好久，此後就下落不明；街頭壁上一部分標語也被撕了去。

二點五十分，天忽然降大雨，難民于是四散奔避，有的就用蓆子遮住了頭，十萬人羣，這時就在風風雨雨中困守着，這情景委實是悽絕人寰！記者附近只聽得一片呻吟聲，是孩子們的哭泣，是婦女們的嘆息，這聲調是低沉而悽哀，是人們不忍卒聽的。

之後，雨繼續不斷吹打着，民國路上的十萬難民是僵死了似的，僅有的活動者是敵人的往來穿梭。夜來，雨仍不止，十萬難胞他們是到生死絕續的最後關頭了！

難道我們就眼看十萬難胞，永遠被困圍在敵人鐵蹄之下做奴隸了嗎？我們要想法使他們脫險才對呀！

（十一月十三日大公報）

某師長會見記

九月五日傍晚時分，本報記者隨着文化界救亡協會，中國婦女慰勞會代表數人趁着佛教會救護隊的車到戰地去。離開上海市區，走進我軍防守的陣地內，沿途村民們來來往往，有的肩担，有的荷鋤，有的趕着牲口，還是操作如常。此外滿眼嚴密的崗位，高低的防事，都是足夠使人喜悅的。雖有幾處高大的廠屋被炸毀了，許多牛的屍體堆着，但這證明敵人投彈標的不準確，將民房當軍營，乳牛當作戰馬。

裝着滿車的慰勞品，好容易才到了目的地，×××師長，誠懇地招待我們。

從外表上看來，他不過三十多歲，是一位文雅的將軍，他堅決的說：『對於這次抗戰，我軍在軍事方面是有堅強的把握的，決不讓敵人藉速戰而取勝，而一定要將戰事拉長持久，使敵人最後必歸於淪亡。所以目前最需要的，是民衆能切實認清並且了解這點，加緊本身的組織，軍民連成一氣。民衆的力量可以幫助軍事的，如在衞生方面，應注意掩埋，以撲滅瘟疫；在特務方面，應注重偵察，以消滅漢奸；同時應注重宣傳，使抗戰的力量可以普遍。』自然，這使我們相信他精於軍事，長於政治，在這樣的長官領導之下，我們抗戰的前途是有絕對勝利的把握的。

121 『是的，我們一定要把民衆組織上的困難，快快克服過來。』一個慰勞的代表，肯定地答覆。

在我們離開師部的時候，大家並且請他題了許多鼓勵的話，記者的手册中，他寫着：『驅逐倭奴，復興民族。』

漢奸在戰區的確很活動，我們在途中就一連遇到三個，弟兄們都咒詛着：『他媽的！這些漢奸，非生擒活剝不可！』一次，我們聽見漢奸給敵機三度鳴槍作暗記，一次，我們發現了一個使用綠電光的，結果，招來了一架飛機放照明彈，向我們追逐。最後當我們的車子停在一間民房的旁邊時，我們竟擒着了一個挑担的人，他帶了一大宗銅板，其中竟有兩個是一錢的印有『大日本大正十年』字樣的銅幣，當然他的形跡十分可疑，但是必須將他的罪狀調查清楚，才能處治，所以我們有點覺得不知怎樣辦他好。恰巧××師的弟兄，押着了一大串漢奸經過，我們就決定也讓他們將他交到師部去。

這些漢奸，個個形容醜惡，一個着軍服，一個頭胸都有傷創，紮着綳帶，很像台灣人，問他話，他不說，只做手勢，表示他叫什麼名字，因此我們感到漢奸問題仍極嚴重。

二時左右，星光照着平靜的戰地，我們經過了師部的衛生處，可是沒有遇見一個傷兵，只得摸索着歸路。沿途，並沒遇到意外，我們開始閒談。

有人遺憾地說：『爲什麼我們今天不能帶一個傷兵回來！』

一個佛教會的青年立刻回答：『傷兵少，難道你不覺得欣慰嗎？這是表示我們前方的勝利！』

（九月七日立報）

123

郭沫若談軍中故事

郭沫若氏應張發奎將軍之邀，日前又兩度赴前線歸來，據談：他在軍中，聽到關於漢奸及敵軍可笑的故事極多。一次，是張治中氏告訴他的，說：我前綫士兵，曾在敵軍陣亡的某中隊長屍身衣袋中，發現其尚未寄出的家信一封（不料終於成了遺書），內容詳述其出征經過，大致謂：『此次自抵滬後，即被調登陸，已與中國軍隊發生接觸，但中國方面戰鬥力之雄厚，士兵之神勇，則遠非初料所及，是以在草此信時，同隊之一小隊長，一中隊長及一聯隊長，均已陣亡，現自己雖倖免於難，然對作戰前途，殊覺渺茫！』按該信原稿，仍存在我軍司令部，俟有適當機會，張司令並擬送各報披露。

又一次，據張發奎氏親自向他說：軍中最近曾捉獲一個漢奸，年齡只有十七歲，據他供出：他是由大漢奸給他三塊錢，要他一次拿了三個炸彈，去破壞我軍工事的，不過因爲炸彈太重了，他拿不起，只好回家，先問問母親，要不要答應這回事。結果，他的母親，將三塊錢拿去作生活費了。

他嫌三個炸彈太重，拿來後只好偷偷地拋了兩個到黃浦江，留下一個，因爲怕炸傷自己也不敢放，後來就將它送到了一隻無人駕駛的空船上，想聽其自然地去爆裂，也許好些：殊不知正行事間，竟被我士兵碰上了，就把他帶到軍中。後來張將軍知道他是爲了生計，逼不得已，而被敵人利用去做漢奸的，並沒有將他治罪，反而命人每餐給他飯吃，使有自新的機會。他終於不打自招，把他所知道關於漢奸的組織說了一些。他說，敵人總是用大漢奸收買小漢奸；做大漢奸的，有的可拿一百塊，二百塊，十塊或者五十塊錢，好像包工式的，然後由他們分錢給小漢奸，雖則他是爲了三塊錢去作漢奸的，但也有十二，三歲作漢奸的女孩子，只能得到五角或一塊錢。因此，當張將軍談到此事時，深感到中國人民生活，因受帝國主義者的剝削，窮困到忍無可忍，以至不得不去作漢奸，這是很可痛心的！但唯一消除漢奸的辦法，自然除了用軍事的力量抗戰外，是必需民衆自己加強訓練，嚴密組織，這樣，才好使漢奸的組織無從存在。

末後，郭氏附帶告訴記者：自從他離日來滬後，多半的時候，仍是在繼續寫作，但日人爲欺騙民衆視聽起見，是無所不用其造謠之能事的。最近他接到他的夫人來信，知道在八月底，敵人竟在其本國，用無線電播音，說他帶了五萬兵，和中央軍聯合在上海前線作戰，那般無聊的刑事們，藉此便一天到他家裏去兩三次，監視他的夫人和子女。

就上所述，我們可見敵人是如何無恥之極！

（九月十三日立報）

125

羅店是怎樣失守的？

海若

羅店之失，是淞滬我軍撤退的關鍵之一。但羅店是怎樣失守的？是漢奸領路！這是我們的教訓！

滬戰爆發後，淞滬間的人民先後逃亡大半，富人們逃得精光，僅留一二老嫗家僕在家看管。到砲火十分猛烈的時候，貧苦的農民也叫妻兒們逃難，剩下的都是些青年壯丁，他們捨不掉田園家室，他們又毫無組織和聯絡。當地的軍警紳士們，對於這些民衆組織漠不關心。一些原來做鄉村教育的人們，既和上海交通斷絕，又不能和當地駐軍取得聯繫，只好被迫退出。因此漢奸們毫無顧忌的到處活動，慘殺救國份子，刺探軍情，終於引了敵軍攻襲羅店。

事先，我們一位在羅店幹救護工作的同學，出外找汽車運送一位受傷的航空員回後方醫治，途中遇到農民報告，說馬路東面有許多兵士，埋伏在草叢裏。不幸誰也沒有嚴重地注意農民的報告，想到敵人已經由漢奸帶路偷襲進來了。到後來救護隊裏八個救護員和一個受傷航空員，都已來不及營救，忍心把他們遺棄在敵人的槍刺下！後來離羅店三四十里的餘慶橋包傷醫院裏一個護士，四個工人，也死在漢奸引導下的敵人手裏！

某村砲兵陣地正在佈陣時，有一個農民在東張西望，卽以漢奸嫌疑被捕。據他供說：一個大胖子，給他五塊錢，叫他來看看這兒有多少軍隊，在做什麼。

這些血腥的事實，說明了：（一）沒有民衆的組織力量，光靠軍事的抗戰，使敵人的漢奸可以充分的活動。（二）漢奸大半是爲飢餓所迫的無知人民。這完全是由於平日對教育民衆未盡力和沒有盡心改善人民生活。

不錯，平日也有壯丁訓練，保甲制度一大套，可是現在都一無所用，這正是證實豪紳們包辦的鄉村政治，平日魚肉鄉民，到國難嚴重，因爲得不到民衆的同情和擁護，就完全無用了。因此開放戰區和後方的人民抗日的自由，特別是組織和武裝的自由，已經是萬分迫切的事了。

現在，擁擠在上海租界上的救國先進們，成天的忙於救濟難民，慰勞，救護，會議……而放棄了近郊最主要的民衆組織和武裝工作，不知死守在租界上能做出什麼乾坤來。我要向大家呼籲，一切有氣魄的進步軍事家，耐苦的組織者，英勇的宣傳家，大家緊密的配合起來，到戰區和後方去，去組織大衆，肅清漢奸的蹤跡，掃蕩敵人的別動隊，前綫的工作正艱苦的渴望着我們呢！

（九月三日立報）

127

一個嚴重的問題

夏雷

艱巨的抗戰工作，既是多面的，也是全般的，我們的觀點，不能專着眼於軍事的退却；而且表面的軍事退却，既不是抗戰失敗的結論，更不是抗戰失敗的致命傷，因爲它只是抗戰所表現的一個方面。

如果抗戰的基石強大，軍事一時的退却，決不能否定抗戰在理論上的結論——最後的勝利是必然屬於中國。

全民衆的生活有最低的保障後所藴蓄着的力量，這就是抗戰的萬鈞之力的基石了。不信，試看敵人的侵略戰，不只是爭城奪地，却更致力於轟炸破壞，他們想毀壞我們抗戰的基石而使我們無力抗戰，這才是一個嚴重的問題。

這一個嚴重的問題，是普遍在全面抗戰的全國，然而在上海這一抗戰綫上特別地顯著。

是人，誰肯活生生地餓死？鋌而走險便不免的了！目前軍事的退却，表面似乎是將士們的責任；骨子裏還是漢奸在作祟。要不是漢奸的引導，敵人豈能在沙灘上從容登陸。所以敵人的進展，是僥倖的成功；國軍的退却，不是戰敗，而是政治沒有把抗戰的障礙肅清。換一句話說，就是抗戰中的政治，沒有注意到民衆在抗戰中的生活問題。

抗戰後，失業的民衆，怎樣使他們有工作做，不喪失鉅大的人力；戰地的難民，怎樣收容後護送後方，指定地方殖墾，爲國家增加生產；怎樣指示民衆，有組織有秩序地隨着軍隊退却，實行焦土抗戰政策；怎樣使遭受砲火洗禮的民衆，有最低生活的保障；……政治應該發揮它的力量，克服抗戰中民衆所有的生活上的困難問題，來增進抗戰的力量，不要只讓軍事單獨地苦苦支撑。

在上海，一邊看到難民收容所中尙有沒衣服穿而赤膊的難民；一邊却又看到電影院的掛牌客滿，聽到跳舞場的爵士音樂。在兩個絕對的對照下，不禁令人有『朱門酒肉臭，路有凍死骨』的感覺，這實在是抗戰中一個嚴重的問題，它的嚴重性的比重，要超過軍事上暫時的失利好多呢。

（十一月二十三日立報）

八 敵軍中的反戰宣傳

我們常說：日本帝國主義的此次侵華，是自吞炸彈。但怎樣會造成敵人的毀滅，這不但要求之於日本經濟基礎之脆弱，我國民衆反日力量之堅強，也要求之於日本民衆意識的變化。便如敵軍中反戰空氣一天一天濃厚，反戰運動一天一天擴大，則日本帝國主義之崩潰可立而待。

所以此篇所收輯的敵兵信件與反戰宣傳品，不但是極有趣味的，而且是極有意義的。至於什麽『護身符』，『千人針』，以進步的資本主義國家而民衆的迷信竟這樣厲害，也正表示了日本帝國主義的内部矛盾太重大。

敵兵詳述作戰困難的一封家信

羅店前線我軍於敵一等兵中岡忠春屍體身畔搜獲其致其兄家書，述作戰艱難情形甚詳，原函譯文如下。

仲藏兄：

九月十四日抵中國，登陸已十六日，現在各線參加作戰，幸尚安在，乞勿懸念。

滿洲事變時，我等奉命出征，抵滿時，事變已終了，我等係屬初年兵，故未出戰。但此次與前完全不同，終日蟠伏彈雨中。現我等距敵僅三百米，伏處於昨夜掘就的戰壕中，稍一起立，卽將爲敵射擊，但不常命中。最初槍彈飛來時，不自覺間輒俯首以避，現因已習慣，雖聞槍聲，亦不趨避。此間遍植棉花及水稻，藏身田間，槍彈越頂飛馳而來，絕無危險。此間並多小河，前進時，或建橋，但急要時涉河而過，水高及胸，有時在壕內夜宿，一任雨露浸濡，香烟火柴已絕，供三餐量的乾麵包，須分四次乃至五次食，每至飢腸轆轆時，以泥水炊麥飯，加醬油食之，甘之如飴。

十五六日以上，未能洗盥，沐浴更不必談。軍服尚係出發時所穿者，塵汗滿襟，垢穢異常，但生命尚不可卜，對此亦無怨言。三四日前因十餘日未曾洗沐，故就浴穢水之中，此時精神愉快，與在國內時相較當尤過之。戰爭之苦，非身歷其境，終不能知。中國已非昔比，軍隊配備整齊，所有武器殆皆自動步槍及機關槍，更有堅固的戰壕，由其槍眼中頻頻射擊，我雖還擊，不易命中。我軍每次進攻，均匍伏以進，至二百米左右，卽一舉突擊。某次進攻×××，敵有堅固的水泥鋼板防禦物，三面並有小河圍繞，而鐵絲網更佈置數層，不知是否通有電流，進攻某處，殊爲困難，較難攻的旅順，尤爲堅固，我軍一再苦戰，恐將無休止。我軍飛機每日飛來投彈，中國飛機並未出動。奉命出征，生命早置度外，但此次進攻，愈入危境，我旣爲一等兵，當榮譽戰死以殉之。

此時爲九月三十日午後六時廿六分，空際多雲，天時陰沉，在敵方機關槍格格聲及迫擊砲爆炸聲中，伏戰壕中，寫此信不易。以後如無中岡一等兵戰死電報，則我必仍在華南之一角自由呼吸，乞兄安心可也。九月卅日，中岡忠春。

（十月十一日立報）

133

敵軍班長陣中日記

偷渡周家橋殘餘之敵，潛藏中新紗廠地下室中者二十餘人，經我軍昨日澈底之肅清，即已完全擊斃。於其屍體中搜獲文件頗多。其中有一班長名石黑榮一，所寫陣中日記，充分表現敵軍厭戰畏死心理。玆經本報覓得原件，亟爲節譯如左：

十月二十三日　今天又是晝夜戰鬥，出發第一線。運氣還好，無論到何處，沒有受傷，還能夠接續活躍。好像戰爭快要結束的樣子。有的說將被調到華北或熱河去，雖然確訊不知道，但我相信上海戰事不久可結束。假如得以平安歸國，那就不能不感謝上帝了。

友軍的砲聲，今晨感覺其猛烈無比。似乎敵已退却。我們改變作騎兵，開始追擊。第六聯隊在我們六十八聯隊之右，協力作戰——昨晚的戰役，六聯隊陣亡四十餘名，負傷六十多名。一個中隊的戰鬥力，現在但剩四十名，可謂十分『苦戰』了。我們六十八聯隊，目下死傷已達半數有奇。看見燒毀尸體的時候，心痛不可抑遏。每次戰鬥完了後，一定是堆積薪炭，大約是十五至二十具的尸身作一次燒。分隊的戰友，現在就是在燒着。

也不曉得那塊是那位戰友的灰骸，在戎馬倥傯的當兒，委實也管不了這麼許多。

中國軍隊的遺骸，被砲彈所炸裂，血跡朱殷，重重疊疊，不知其有若干！

這就是叫做『戰爭』呀！我恍惚從夢中驚醒。不禁想起滿洲，何等艱難。總之，這是我有生以來未有的辛苦，悲哀，也是最難得的體驗。又是命令集合了，想寫的事很多，只好擱筆。

十月二十五日　二十三日踴躍出發前線，一直活動到如今，我還是沒有受傷，雖流彈紛如雨下，但已覺得無異於演習。我的幸運，因為我跑的速率快。當隊長在最前面，事實往往是第三人第四人最易被擊。此外是從前在演習時，我很注意地形及地物。只要計算砲彈所及的距離，不管日本軍隊的有無，坦然走上平地，倒不出毛病。這些都是貴重的經驗。

我們六十八聯隊的聲譽，當已翼飛於全國。幾十里的戰線之中，六十八聯隊的戰線，總必突出五百米至一千米。與砲兵共同作戰，也是六十八聯隊多建奇功……我們各大隊掛着鈕扣以資識別。

十月二十六夜　今天突然接到前進的命令，出動第一線。利用二十五夜的黑暗，到達敵前百米的地點。等到二十六晨二時開始戰鬥，敵人像已知道了，不斷地發砲射擊。我們只吃一次乾麵包，水壺已無滴水，眞是苦得很。東方既白的時候，我們的飛機來了。初是一架兩架，後來至十二架。同時砲兵也實行轟擊。十一點，一紙命令分送與各分隊長，叫我們應該於十一點三十分衝鋒。屆時有二十八輛的戰車，前來協助。

敵人砲聲隆隆，耳爲之聾。我們上了刺刀，雖想伸頭試探敵人何在，然而不敢，蓋恐被流彈所中也。此時心中有說不出的一種神情（非身在戰場不知其味），複雜萬端。忽然在我後面一位叫做三島的，叫聲『不好！南無阿彌陀佛』，一顆子彈，從左脅穿過右脅，嗚呼一命休矣！

移時，轔轔的車聲大作，三架插着太陽旗的坦克來了。……敵人也一齊開火……於是衝鋒。幸得無事歸來，現在在此寫信，謝謝天地！但是明天又要戰鬥，要再前進二百米，不曉得何時才能把信送出哩。

十月二十七日　今晨收容昨天的戰死者，悽愴無比。……因爲保管遺物是我的責任，我把手表錢包與『千人針』拿着前進……

十月二十八日　今天燒化三島君，帶着分隊員四名，後退約一里——想起還不知道死耗的三島的父母，不禁淚流如注。

十月二十九日　早晨將灰骸埋置，造一小塚。又插上野花數朵……以木炭書『三島戰死地』五字，灑淚而別。回到中隊，已是午後三時。

現在我們所居的與上海僅一水之隔，是一所上等的家宅。

（十一月五日大公報）

一個敵軍俘虜的談話

下文是中央社特派隨軍記者陳萬里君的『隨軍日記』之一節，所述敵軍俘虜的談話，頗堪注意，茲特照錄如下。

十月十七日。

猛烈的戰事在葛家牌樓宅和陳家行兩地展開，敵人一方面是企圖南進（葛家牌樓宅），經大場而達眞如，完成大包圍的形勢。一方面是企圖西進（陳家行），直趨南翔，實現中央突破的戰略。但是，敵人在兩地都受到了重大的打擊，而在葛家牌樓宅更有壯烈的血戰在進行。

侯家木橋（在廟行正面）的敵人，前天向我們新宅陣地進犯，給我們打了個落花流水，並且還捉到了一個俘虜。他是第一師團步兵第二旅團第三聯隊第三大隊第十一中隊第二小隊的一等兵，名字叫做田中淸藏，已經在昨天解到了這裏。

一個滿臉長着鬍子頭頂已經禿了的中年人，他便是田中淸藏。他生在東京，今年三十五歲，在東京開着一家花店，他是後備役，在大正十二年退伍的。這次侵華的戰事爆發之後，預備役和後備役都動員了，他也就在軍閥的驅使之下到了上海，浸在水裏作戰，已經有一個多禮拜，腰部和兩腿部腫痛，精神更疲倦到了極點，因此逃不動，而給

137

我們俘虜了。

據他說，這回日軍在上海的傷亡很重，一般地說，傷亡都已超過半數，而第三師團的傷亡更重，幾乎所存無幾。他自己所屬的第一師團加納旅團長和長谷川聯隊長，也都已經陣亡了。查加納旅團長於本月十一日在曹家宅戰死，名治雄，東京府人，五十歲，係陸士第二十一期出身，曾任步兵第三聯隊附及第一師團副官。

我們問他松井大將之受傷是否確實，他回答的是：『聽說確實受了傷。』他還說現在日軍的飲食發生絕大的困難，士兵在前線都攜帶了乾糧，每兩天發一次，但是吃了乾糧之後，大家無法止渴，就胡亂的喝着汚濁的生水，因此痢疾在士兵中嚴重地流行着。

對於這次戰事，他表示了極度的反感。他說：『後備役和預備役對於這次戰事，都一致表示反對的，實在日本經濟的力量，不能推行這回的戰爭。』

他對於我們的優待十分感激，而更感激的是他因此將來得以生還東京了。

今天有人爲俘虜田中清藏攝影，我也就照了幾張。當時他看到我抽着烟捲，便討了一枝。並且還要求寫一封家書，回去報告平安。因他自從九月十四日參戰以來，對於國內的通信，長官是絕對禁止的，大約是怕把失利的眞相傳到國內去吧。

（十月二十二日大公報）

敵軍反戰空氣濃厚

——左右翼散佈告出征士兵書——

我軍在××前線敵兵死屍中，檢獲傳單一紙，足見敵軍之心理及其國內之不安，茲譯錄如下：

（一）告出征中國士兵書

哎！悲慘啊！你們遠適異國去流血賣血，果爲了誰的利益呢？軍閥與財閥是藉了戰爭，來達到他們自己的私圖！

你們在故鄉的妻子兒女，在貧病交加之中，已經到了不能支持的境地了！

我們在滿洲事件中死傷了的二十萬同胞，究竟爲誰而犧牲？這不過爲了軍閥的野心和財閥的榨取，而毫無代價的被殺戮！

我們不能再受軍閥和財閥好聽的宣傳所欺騙！戰爭與大衆生活的地獄化，在軍閥的野心和財閥的榨取繼續進行當中，絕不會有終止的可能！

中國人是敵人嗎？不是的！日本軍閥財閥侵略中國的時候，我們始不得不爲了毫無理由的戰爭和資本家貪婪的榨取，而被驅使前去送死！

戰爭不一定是愛國！眞正的愛國，眞正的國家觀念乃大衆生活的向上。蹂躪大衆生活的軍部和戰爭，才是民衆的敵人！國家的蟊賊！

我們要：

卽時和平！

軍部啊！還士兵的命來！

全農　全水　總同盟　產組　鄉軍有志團

141

（二） 致在華北將士

九月四日，天皇陛下行幸臨時議會，發表下述意味的勅語：『日本為了國際和平，應刻不容緩的趕緊停止戰爭。與外國以中正和協之態度從事交涉，實現東亞之和平。』

被上述勅令驚駭了的軍閥，立刻禁止議會附近的交通，用憲兵的特別警戒監禁議員，防止他們自己大罪的暴露。

對於諸位所以遲遲不派遣應援部隊，乃因為陛下反對戰爭，不許出兵。

然而軍閥不得陛下許可，仍悍然出兵了！

現在雖然已經戰爭，但尚未能入宣戰的階段者，係因陛下要命即時和平。所以這回的戰爭，完全是軍閥的私戰！

忠勇的皇軍喲！軍閥要廢立今上陛下，以與軍閥方便的秩父宮為天皇。『二二六』的時候，川島陸相，眞崎大將等，不是曾通電全國的師團，為要放逐今上陛下樹立新天皇而造反嗎？軍閥要使陛下成爲有名無實，要使自己實際成爲日本獨裁者。

忠勇的皇軍喲！軍閥眞實是昭和的叛逆者！好好忠實擁護今上陛下啊！服從陛下的勅命，決心卽時撤兵！卽時和平！

把槍口向着軍閥！

參加昭和的勤王！

與中國『中正和協』！

現役將校有志團

（十月八日大公報）

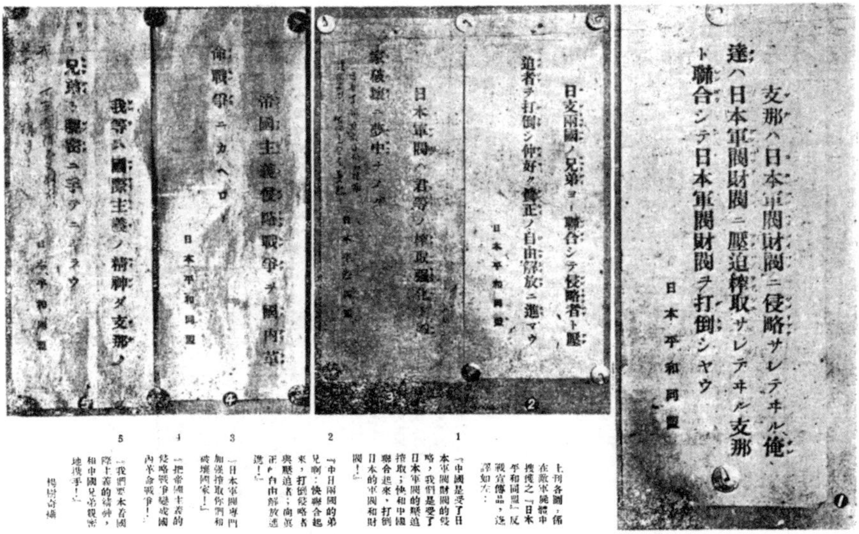

上列各圖，係在敵軍屍體中搜獲之『日本平和同盟』反戰宣傳品，迻譯如左：

1 『中國是受了日本軍閥財閥的侵略，我們是受了日本軍閥的壓迫搾取；快和中國聯合起來，打倒日本的軍閥和財閥！』

2 『中日兩國的弟兄啊：快聯合起來，打倒侵略者與壓迫者；向眞正的自由解放邁進！』

3 『日本軍閥專門加强搾取你們和破壞國家！』

4 『把帝國主義的侵略戰爭變成國內革命戰爭！』

5 『我們要本着國際主義的精神，和中國兄弟親密地携手！』

楊樹奇攝

敵軍某士兵的妻子贈給她丈夫的『武運長久』旗子

敵軍的護身符

封套文曰『爆彈毒瓦斯除御守』此係在敵屍上搜獲者，竟謂可以避免毒氣及炸彈，足見敵軍畏死及迷信心理之一斑。

敵軍護身符之又一種

九　兩幅畫面

救亡運動激盪了每個有知覺的青年的心。但我們不要忘記這個社會的不平等，分階層。有的人在眞誠地工作着，拚命地戰鬥着，但有的人在那裏空喊，只出『主意』不肯下水幹，更有的則在終天淫蕩，跳舞看戲！你憤恨這現象嗎？但這是現在社會的眞實。你怎樣對付牠呢？有的人借着『打漢奸』乘機報私仇，搶手錶；但也竟有人於別人一呼之下把好好一個好人打死。但是使我們足以自慰的是：還有那樣沿門哭求，集款買麵包送給退陣戰士充饑的傭婦；又有那樣受不了敵人的示威而跳樓自殺的工人。這樣的人是我們抗敵勝利的基石。

此篇所收文章雖少，但已足以代表抗戰中社會情形之一面了。楊劍萍君的精神是我們光復這已陷落的大上海的希望之所寄！

大光明復業第一場顧客僅有四百

『八一三』戰事的發生，把所有的淫蕩窩娛樂所都壓閉。但只一個月，跳舞場電影院便一個跟着一個開了門。先是外國人辦的，接着是我們同胞辦的。這就是上海，這就是神聖抗戰下的上海之一面！

在抗戰時期，大光明影院打先鋒，首先復業。記者爲了要知道影院復業後的實際情形，在昨天午後一時趕着該院第一場開映之前，去巡禮了一回。

片名，不必說，大幅的廣告，早就張貼在該院的門口，上面繪着一對對彩色衣服，手挽着手，笑嘻嘻地，顯出很輕鬆活躍的姿態的青年男女，在他們的身旁是給題爲"Easy Living"，中譯：紅樓雙燕。內容怎樣，自無用看說明書，我們也不難猜測一二了！

但去看這張片子的，又是那些人呢？

下面是記者花了整整地一個半鐘頭，呆立在該院門口親眼所看見的：

時鐘還不到一點一刻，該院的售票員，早就伏在窗口，等候着顧主的光臨了。

一會兒，三個西洋女郎，連翩地來了，和樓下穿綠衣白袴的稽查員打了一個招呼，立刻跑到樓上去，一刻工夫換去了他們原來的服裝，着上了那一律的白領綠衫的制服，原來，這還不是顧客而是女侍！

再等下去，我要知道首先問津的究竟是誰？這時眼前一對西裝少年，燙髮，奶油色的嗶嘰西裝，白皮鞋，一高一矮，滿不在乎地購了票，但却不走進去而到門外去溜蹓了一回，直至兩點一刻才回來。

在一點半以前，人跡是很稀疏零落。有的人，在廣告欄前，徘徊了一陣，看過那幾張預告：『七重天』，『良心的譴責』，終於走了，大約也是受不住良心的譴責吧？有的人，看不見其他的人，不敢買票，在門前躊躇着，可是仍不肯走！

一點半以後，好容易除了西裝華麗的少年外，也有了旗袍，豔裝，紅嘴唇，高跟鞋，一個，兩個，三個，五個地，繼續在那油滑的水門汀平面上出現，一味扮着笑臉，見了大腹賈，水兵，就搭訕到一道去，明明告訴人她們是些失業了的舞女！

隨後，中國人，西洋人，平均地，來得漸漸比較多了，但直到兩點半，充其量，還不到四百人的模樣，假如需要做個統計，則除了半數的外國人外，中國人中，男的（單個兒去的）佔十分之六，女的佔十分之二（舞女係絕對多數）。攜眷屬的（男女包括在內）亦佔十分之二。但我沒有看見坐汽車的，也很少碰見中產階級中的文化人和學生。

場外除了售票員和查票員，另有着黃色制服的西警二人，華警二人，以及着藍色制服的華捕六人，分佈在各道門口，記者偶然去問了他們其中的一位，是來作什麼的？經他悄悄地告訴我：今天該院第一天復業，恐怕發生意外，所以特地請了他們來維持秩序。

（九月十一日立報）

兩幅畫面

任鈞

這是不折不扣的事實，
決不是誰扯的謊！

盡情地享樂解悶；
另一幅是——

147

這是眼前的怪現象，
決不是神話荒唐！

*

在同一地方，
在同一時間，
却展開了兩幅畫面，
色調完全相反。
一幅是——
燈紅酒綠下面，
淫靡的音樂中間：
有許多男女相偎相抱，
正在笑語溫存，

槍林彈雨下面，
震天的殺聲中間：
有無數勇士出生入死，
正在衝鋒陷陣，
拚命地爲民族爭生存！

*

『一方面是莊嚴的工作，
另一方面却是荒淫與無恥。』
朋友，你又想起了這兩句話嗎？
但，你且聽聽他們自己的辯解吧：
『我們是在救濟難民（舞女）呀！』
『我們是在跳舞救國呀！』

（九月十日立報）

傭婦熱心可風

戴持平

有一個傭婦陳姜玉容，自抗戰開始，就以營救傷兵難民為己任，工作之餘，並向附近人家勸募，營救馬路街頭的赤貧難民。在南市抗戰的數百健兒，退入法租界後，有人以諸健兒壯烈之情，及三日水米未進之狀告訴她。她聽了以後大哭，即向主人請假，奔馳於霞飛路錢家塘小桃園街一帶的貧戶人家，痛哭流涕，請求捐助，不一時集成二元八角，自身復捐助一元，往購麵包數百枚，擬送偉達飯店對面軍營內為諸健兒充饑。值作者經過霞飛路，她就以極誠懇的態度，請代表致送麵包給軍營。因為她的熱心，可以感天地而泣鬼神，遂允為代送。她隨在後面，遠立道旁，含淚看諸健兒，諸健兒卻不知道她是捐錢的人。軍營附近觀者極多，也無人知道她的熱心。作者感其誠，復慚愧對她，所以特寫此，請予刊布，以揚仁風。

（一月十六日立報）

149

楊劍萍跳樓自殺

十一月三日日軍在上海租界作示威遊行，五千侵略者的橫暴氣燄，叫中國人含怒吞聲，叫各國人側面而視。三百餘萬市民，好像『無一是男兒』似的！但是我們畢竟還有了楊劍萍和別的人。

當本月三日午刻日軍在上海大舉遊行的時候，中西探捕為免除發生意外起見，將交通完全斷絕，閑人一律驅散。這時候，在大世界對面修理紅錫包廣告巨大電鐘的四個霓虹燈工人，也被西捕招呼停止工作，攀援而下，到電氣間裏暫時休息。

他們四個是蒲石路五三四號美商麗安電氣公司（卽克勞特公司）的工人，在電燈部工頭楊劍萍率領之下，修理八一四炸彈損毀的電鐘。工頭楊劍萍在木架上面，看到大隊人馬在租界上遊行。等他下來以後，又聽到人聲喧豗，於是就向同在一起工作的他的內弟沈福源說：『今天的事，眞氣死我了，我情願自殺！』這時沈福源尙以為他姊夫在說着氣話，聊以洩忿，却不料他眞的攀到五十餘尺的高樓上，狂呼『中華民國萬歲』而向馬路跳下自殺。跳樓之後，當即跌破腦殼及股部，血流如注。唯時日軍正在整隊進行，捕房人員不便前往施救。約隔十餘分鐘，始送至仁濟醫院治療，終因傷重身死，聞者不勝太息。

楊劍萍名玉書，年三十二歲，南京人。妻沈寶林，二十四歲，紹興人，曾在本市小南門倉基小學讀書，生一子名燗璞，年僅五歲，女名燗玲，尚在襁褓，均在上海。其母年五十九歲，弟名銓書，年二十九歲，俱在南京。近因避亂，尚不知流離何所。楊在麗安電氣公司電燈部服務已八年，月薪六十八元，上海居大不易，此戔戔者僅敷衣食開支，以故身後異常蕭條。公司方面補助治喪費四十元，同廠工友各捐三五元不等，昨日以三十二元購棺一具，並已草草營葬於白利南路三角場，此熱情男兒，竟如此了其一生，令人深致其痛悼之忱。據其同廠友人蔣俊明談，楊急公好義，向少疾言厲色云。

（十一月六日大公報）

發行所　亞東圖書館
分售處　各埠大書店
實價　國幣三角五分

民國廿七年二月出版

空軍抗戰紀略

戰爭叢刊第七種

吳亮夫著

戰爭叢刊

第一種	抗戰方針	蔣委員長講	五分
第二種	中國必勝論	龔德柏著	五分
第三種	輸捐救國	羅敦偉編	五分
第四種	從軍救國	茹春浦編	五分
第五種	防空與救護	張曼羽編	五分
第六種	戰爭與宣傳	袁守謙著	五分
第七種	空軍抗戰紀略	吳亮夫編	五分
第八種	兩月來抗戰記	吳亮夫編	五分
第九種	如何消滅漢奸	燕文治編	五分
第十種	戰時理財方策	董修甲著	五分

空軍抗戰紀略

目次

空軍抗戰紀略　目次

空軍抗戰紀略

自蘆溝橋事變發生後，敵人佔我平津，猖披益甚。上海方面，敵艦雲集於吳淞口外，陸戰隊橫行滬上，無理挑釁。我方忍無可忍，乃封鎖長江，對敵抵抗，淞滬戰事，遂於八月十三日爆發。十四日起，敵人飛機在上海我軍防地投彈轟炸，我方空軍，乃起而應戰；杭州，曹娥方面，亦相繼發生空戰。十五日以後，敵機更大舉襲我首都，屢在首都上空，發生劇戰；我空軍將士，人人皆抱必死決心，奮勇抗戰，先後擊落敵機一百餘架，敵人航空官兵在我境內死傷俘虜人數，就八月份調查，已在三百名以上，九月份數目，尚不在內。於是日本帝國主義者外强中乾之眞憑實據，曝露無遺。我國空軍將士應戰的勇敢，技術的精巧，不獨使敵人咋舌，即世界各國亦屢次對我表示讚佩。茲將兩月來空戰情形，撮要紀述如下：

（一）我空軍擊敗敵木更津及鹿屋兩海軍航空隊

空戰四次，先後被我擊落敵機二十九架。

斃敵航空官兵一百二十五人，俘虜十人。

自淞滬戰事發動後，敵人在上海方面對我使用之空軍，由木更津與鹿屋兩海軍航空隊司令戶塚道太郎大佐爲司令官，木更津航空隊，則於八月八日由千葉木更津調九州大村待命，以濟州島爲根據地，對我京滬施行襲擊，九州鹿屋海軍航空隊，亦於八月八日調駐台北，以台北爲根據地，襲擊我浙閩機場，外加加賀，龍驤兩航空母艦，能登呂水上機母艦一艘，活動於我東海江浙沿海一帶。

該兩航空隊，每隊下轄五分隊，每分隊分二小隊，每小隊有九六式陸上攻擊機四架，每分隊有預備機兩架，全隊共約五十架，兩隊合一百架。

（一）杭州廣德方面戰狀　八月十四日（以下減稱某日）下午，敵機十一架由台北出發，往浙江海面飛向杭州廣德襲擊，十七時五十分左右，敵機出現於錢塘江上空，我機即起飛迎擊，敵機不支，隊形瓦解。此役計被我擊落七架，餘機狼狽飛逃，杭州方面雖被投彈，但無甚損害。十九時左右，敵機七架到廣德上空，我機騰空迎擊，敵即退去，二十時左右，聞敵機尙在蘭溪上空盤旋，迷失方向，其中一架强迫降落於浦江，敵五人立時斃命，一人被我俘獲；餘三架在浙閩境觸山隳損。

（二）杭州曹娥方面戰狀　十五日上午，敵機十架，分向曹娥杭州襲擊我機場，我空軍立即迎戰，在曹娥擊落敵機兩架，在杭州亦擊落四架，餘四架倉皇逃去。

（三）南京方面戰狀　十五日四時三十分，敵機二十架，犯我首都，我空軍昇空迎擊，是役計被我擊落者共六架，一落大校場南，三落句容，一落吳蜀鎮附近，一落溧水，惟均機毀人亡，我獲戰利品甚多。（據俘虜大庭軍曹日記所載，該日敵機生還者僅九架）

（四）揚州句容方面戰狀　十六日，敵機分兩隊，又來襲我首都，其繞道揚州一隊，被我擊落兩架，落於東台高郵間，其往句容之一隊，被我擊落四架，落於句容溧水鎮江境內，其餘敵機，狼狽逃回，終未接近我首都上空。

綜合與敵空戰四次，先後被我擊落者二十五架，被強迫降落者四架，共二十九架，斃敵一百二十五人，俘虜十人，其號稱精銳之倭皇軍中之木更津鹿屋兩海軍航空隊，經此打擊，業已損失過半。此外在上海，嘉興等處，被我擊落者，計水上機六。

（二）吳淞口之激烈空戰

擊落敵機一架

我空軍在以上四次空戰中，亦犧牲忠勇之戰士四員，受傷者十員，損壞飛機七架。

敵軍屢犯淞滬不逞，八月底敵軍增援達到，猛攻吳淞，與我軍猛烈衝擊。九月一日晨，我機九架，飛吳淞口助戰，敵艦頗受損失，忽敵機多架來援，發生激烈空戰，敵亂放照彈，如同白晝，戰至拂曉，敵機被擊落一架，我軍乃奏凱飛回。

（三）羅店江灣南翔間之空戰

擊落敵機三架
另有一架受傷逃遁

敵機三架，於九月二日下午三時，在江灣羅店一帶窺伺轟炸，適有我機多架由西南飛來，雙方遂發生遭遇戰，我機即將敵機包圍，用機關槍掃射，敵機二架被我擊中，一架墜落於羅店附近，一架墜落於江灣附近，尙有一架倉皇遁去。

二日下午五時，我空軍與敵機兩架在南翔附近上空遭遇，當擊落敵機一架，另一架受傷逃遁。

（四）敵機多架飛襲閘北滬西之役

兩架被我擊落焚燬

九月四日午，敵機三架，在上海中山路附近投彈，經我軍防空大隊射擊，當將敵機一架油槽擊燬，機身爆炸落於廣肇路廣肇山莊坟地，機師炸斃，機身運京。

敵機四日上午二時在北站一帶投彈，飛行甚低，經我軍瞄準發砲擊落，機身落地焚燬，機師俱當場殞命。

（五）敵機飛襲廣德之役

被我空軍擊落兩架

敵轟炸機五架，驅逐機四架，於九月八日上午六時許，飛至廣德，企圖轟炸，投彈數枚，損失甚微。一方面我空軍事前據報，即派機出發與敵會戰，我軍作戰奮勇，將敵轟炸機二架擊損墜落於洞庭山附近，並擊傷敵驅逐機兩架，餘機倉皇逃逸。

（六）我機數度飛滬襲擊敵艦

大號敵艦一艘受重傷

九月九日晨零時一刻，我機三架，突出現於浦江上空，向敵艦投彈數枚，敵艦倉皇放高射砲，歷十分鐘，並用探照燈四面照射，我機安全而返。又八日晚六時許，我機一隊在匯山碼頭炸擊登陸敵軍，有一彈落於碼頭，擊斃敵兵二十餘人。又浦東日商三井碼頭，八日晨被我機完全炸燬。

九日下午一時，我機一隊，飛渡浦江，乘敵不備，猛加轟炸，頃據確息，浦江中有大號敵艦一艘，已受重傷。

（七）我空軍繼續飛滬轟炸

炸燬敵機十餘架
命中敵軍司令部

我空軍於九月九日晨至黃浦江轟擊敵艦時，曾向楊樹浦敵機場投彈四枚，一時黑烟突起，場內停放之敵機，被炸燬十餘架。

楊樹浦公大紗廠至軍工路之間考而夫球場，敵方築成臨時機場，置有重轟炸機數十架，九日晨我機飛往轟炸，確曾炸毀敵機十餘架，敵方爲洩憤計，故九日晨再派飛機一隊在滬南及龍華投彈。

九日晚十一時半，我空軍到滬夜襲，浦江敵艦驚慌失措，亂放高射砲及照明彈，我機數架飛往虹口轟炸，敵軍在明華糖廠所設之司令部，投下三彈，均爆炸，另有數架飛往吳淞口外轟炸敵艦，至十日晨零時半，我機又飛抵浦江上空投彈，敵艦發巨響，高射砲與機關槍聲，密如連珠，我機安然而返。

（八）我空軍夜襲敵陣

在裕豐紗廠投彈數枚
並擊傷敵運輸艦一艘

九月九日夜九時四十五分及十時二十分，我空軍兩度轟炸敵軍楊樹浦一帶陣地，在日郵船會社碼頭，及裕豐紗廠敵根據地，各投數彈，敵損失頗重。又據軍事機關報告，敵運輸艦一艘被擊傷尾部，並有數彈落於出雲艦左近，震動全艦，敵軍異常恐慌。

（九）我空軍飛滬兩度轟炸敵艦

爆炸巨聲響澈雲霄

我空軍於九月十日午夜飛黃浦江轟炸，於敵艦砲火密集中投彈四枚，有一枚擊中敵艦，爆炸巨聲，響澈雲霄，旋飛滬西盤繞二十分鐘後，再飛楊樹浦一帶敵陣地投彈，同時又向黃浦江敵艦投彈三枚，均告命中，我空軍全部安返。

（十）我空軍轟炸楊樹浦敵陣

投彈數枚均命中

我空軍於九月十一日下午七時半飛楊樹浦敵陣地投彈數枚，均命中，黃浦江中敵艦雖發高射砲掃射，但我毫未受損，十時半我機再臨黃浦江上空，敵艦發砲後，並派飛機與我激戰，約半小時始停，我機安返。

（十一）滬東敵陣地被我轟燬後之調查

貨棧碼頭多已炸燬

滬東區一帶敵軍陣地，連日經我空軍重砲轟擊，損失頗重，計日領署屋頂中二彈，屋側中一彈，其旁棧房屋頂中一彈，屋側中一彈，貨棧內部被焚，玻璃窗幾全被燬，日郵船碼頭中二彈，公和祥碼頭棧房屋頂中一巨彈，其大部被焚燒，大阪碼頭前棧房亦被炸燬。

(十二)廣州我空軍擊沉一敵艦

爆炸巨響聲震數里

廣州我空軍近鑒於敵艦橫行，特於九月十四日上午十時，派空軍一隊飛至廣州灣外海一帶轟炸敵艦，乘敵方不備之際，齊向敵艦猛投數彈，每彈均告命中，一時艦上火光冲天，爆炸巨響，聲震數里，稍頃該艦下沉，我空軍以任務已達，乃相偕安全返防。

(十三)我空軍在虎門助戰

炸毀敵艦兩艘

日艦五艘於九月十四日晨五時至六時，開砲向虎門砲台轟擊，砲台還擊，而中國飛機亦升至天空，向攻擊者加以轟炸，六時半各飛機安然歸來，聞已炸毀敵艦兩艘。

(十四)我空軍在馬嶼口又擊沉敵艦

彈落火起焰高數丈

我空軍一隊於九月十五日上午七時半飛往沿海一帶轟炸敵艦，在汕海面擊沉敵艦一艘，現珠江口外已無敵艦蹤跡，又在赤灣沉沒之敵艦，查明係二十九號，即曾搜擾英輪泰山號者。

敵艦數艘於十五晨八時許，駛至汕頭洋面附近，企圖襲擊，我廣州空軍聞報，當即派機一隊，前往應戰，遇敵艦於馬嶼口一帶，乃以最敏捷戰術，向敵艦轟炸，彈落火起，焰高數丈，當有一艘為我炸燬，我空軍見任務已達，乃相偕安全返防。

（十五）我空軍威震日本

長崎大阪夜防襲

頃據由日來華某外人談：日軍事當局因日空軍在我京，滬，杭各地迭遭慘敗，對我空軍威力，咸有戒心。現長崎，大阪各地，每夜均將電燈熄滅，以防我國空軍夜襲。

（十六）一日之間燬敵機七架

嘉定保定各擊落三架

我軍於九月十六日在嘉定前方擊落敵機三架。十六日晨敵機襲保，被我擊毀三架：一架在空中焚燬，一架落任邱縣境，一架墮落於保垣附近，現正在查尋中。

我軍十四日在固安擊落敵機一架，其飛航員白濱受傷斃命。

(十七)敵機襲太原

被我擊落一架

敵戰鬥員三人殞命

敵機數架，突於九月十八日上午往襲太原。我空軍聞報，即派機一隊前往攔擊。敵機見我空軍迎戰，倉惶北竄。我空軍乘勝追擊，至忻縣上空追到，開始交綏。我一機乘敵不備，升翔極高，旋以機槍向敵一重轟炸機猛烈掃射。該敵機中彈轟炸墮落。其餘敵機見勢不佳，均狼狽逃逸。事後調查，被我擊落之敵機墮地後起火燃燒甚烈，內有戰鬥員三人已殞命。

(十八)我空軍飛滬夜襲

虹口一帶敵陣中彈起火

敵艦兩艘戰車多輛炸燬

我轟炸　一隊，由驅逐機保護，於九月十八日夜七時許飛滬襲擊，至十九日晨零時半始安然飛返。六小時劇戰中，往返吳淞及滬空數次，投彈甚多。敵艦以高射砲應戰，狀殊倉皇。我軍此戰，收獲甚多。虹口楊樹浦一帶敵軍陣地，被我擲中數彈，起火燬燒，敵受重創。八時十五分我　一架，乘敵艦注意東南角時，由西北角直下，向敵投彈一枚，即告命中，敵艦受傷甚重。

我空軍於「九一八」之夜，大顯神威後，泊浦江敵艦相率潛逃至楊樹浦以下一帶浦面，而尤以四號浮筒至十號浮筒之敵艦，十九日晨已逃逸一空。聞其中兩艘被我機轟炸受傷後，逃往吳淞口一帶修理。

我空軍十八日晚來滬轟擊敵艦，並轟炸敵軍陣地。除擊中敵艦一艘（另有一艘係砲彈擊中）及炸燬敵軍軍用品甚夥外，並悉東熙華德路光豐路之空地上，停有敵砲車坦克車及裝甲車多輛，亦被我軍炸燬云。

（十九）大隊敵機兩度犯京

猛烈戰鬥後敵機被擊落七架

敵海軍航空隊大隊飛機，於九月十九日上下午，兩度來京，企圖襲擊。經我空軍沿途截擊，予敵重創，僅有一部份侵入市空。但因我空防嚴密，敵無法肆虐，僅在城南及西郊投彈數枚，燬民房十數間，死傷十餘人。敵機被我擊落七架，戰鬥員被擊斃者達十餘人。我空軍因奮勇殺敵，亦損機兩架，戰鬥員二人殉難。茲將兩度空戰詳情，分紀於後：

敵機四十六架，於十九日晨八時半由東南方面來襲。我空軍聞報，急派機隊前往迎擊，於八時四十分在鎮江附近與大隊敵機遭遇，當即發生猛烈之戰鬥。我軍奮勇向敵機圍擊，與敵開始厮殺，敵機隊形散亂，動作慌張，連被我擊毀兩架。一架落於高資附近，一架落於儀徵附近。其餘敵機見勢不佳，急求報復。我隊中二機被敵包圍，以衆寡勢殊，陷於苦戰。然我軍仍以槍彈予敵創傷，卒有一架被敵擊傷墜落。另一機則殺出重圍，與他機聯合，向敵進攻。正鏖戰中，突有敵機一架從旁趕來，將我一機擊傷。此時敵機一部約廿餘架，侵入京市。餘機仍應付我軍之追擊，在揚中及江甯縣屬祿口，又被我擊落兩架。是時敵仍擬逞暴，又相偕向京進襲。飛至孝陵衞一帶，我高射砲猛烈射擊，敵機一架應聲中彈，落地起火。餘機見形勢險惡，乃倉皇逃逸。其時又有一架中彈，飛至常州一帶，落地焚燬。我軍是時仍繼續進迫，至江陰上空追獲，急用機槍掃射，一機擊落於江中。至十時許，殘餘敵機始紛紛向東南逃去。至襲入京市之敵機，經我防空部隊槍砲射擊，未能肆虐。閱半小時許，逃至西郊投彈數枚而去。此役已查明敵損失轟炸機七架，我亦損失兩架。敵戰鬥員已查明有二人當場斃命，五人受重傷墮地，不久亦卽斃命。其餘敵傷亡情形尚在調查中。我空軍戰士黃居國戴廣進兩君殉難，五人受傷。

午後三時許，據報敵機十四架，由蘇州西飛，似有犯我首都之企圖。我軍騰空應戰。敵驅逐機三架，發現於京市西郊上空。我軍奮勇迎戰。旋又有敵輕轟炸機及驅逐機二十餘架，陸續自東南角侵入我警戒線。時敵我兩軍空戰極為激烈。敵軍遭我軍之猛烈威脅，見無可逞暴，乃相率飛去。

(二十)敵機襲太原之又一空戰

先後擊落四架

九月十八日午後，敵機飛并空襲。一架在忻縣附近被我機擊落，敵架駛員三人摔斃。一架逃至崞縣附近，適遇我機數架由前方助戰歸來，當與迎頭痛擊，敵機受傷，落崞縣東門附近，敵駕駛員二人摔斃。

十九日晨，敵機數架來襲并市。我空軍卽起迎戰。敵機在城外投彈十餘枚，倉皇向北逃去。我機追擊，至大盂鎭（在忻縣南五十里）擊落敵機一架。另一架逃至忻縣厤會鎭附近，與我前方助戰歸來之機遭遇，被我機擊中爆炸，墜地焚燬，駕駛員均斃命。

（廿一）京郊空戰我空軍擊落敵機五架

另有兩敵機重傷在蘇州墜落

樂劉董袁四戰士迭奏奇功

敵機五十架，於九月二十日上午十時，分兩隊來京侵襲。我空軍聞報，卽派機前往攔擊，在京近郊發生激戰。我空軍奮勇殺敵，在紫金山上空，連擊落敵機兩架，降地起火。敵機見勢險惡，除有十餘架竄入京空肆虐外，餘機紛紛圖逃。我空軍鼓翼進擊，至棲霞山附近，又入遭遇戰。敵轟炸機動作笨拙，難逃我空軍敏捷之射擊。一架當卽受傷落地焚燬。我空軍是時更乘勝進迫，追至江陰一帶，一敵機尾部被我擊中，頓時發火，墜於江邊。一敵機受傷，逃至丹陽湖邊，不支墜落。機內之敵戰鬥員二人已中彈斃命。是役我空軍戰士樂以琴，劉粹剛，董慶祥，及袁葆康四戰士，奮勇殺敵，再奏膚功。我空軍均安全凱旋，莫不振奮異常。

敵機於二十日中午襲京受創後，皆紛紛向東逃逸，過蘇州上空時，市民多目擊有二敵機左右猛烈搖動，飛駛不穩，稍頃見黑煙縷縷突向下墜，足見已被我擊傷過重，不克支持。約在離蘇十餘里地帶，該二機果墜落地上。當時發出巨烈爆炸聲音，遠近皆聞。

(廿二)敵機兩度襲廣州

被我擊燬轟炸機四架

九月二十一日上午六時，敵機十八架，經廣家灣飛襲廣州。我空軍據報，即派機迎擊，一時市內高射槍砲咸對敵機射擊。激戰約一小時許，當被我軍在白雲山附近擊落二架•敵機於倉皇中向市東郊投彈三十餘枚逃去。我機乘勝追擊，此後復在赤磡深圳附近墜落二架。

(廿三)敵機七十餘架兩度襲京

被我擊落四架

九月二十二日上午十時一刻，敵轟炸機及驅逐機五十一架來襲首都。我空軍事先昇空，準備迎頭痛擊。十一時許，敵我兩軍在京郊相遇，即發生猛烈戰事。我英勇戰士居高臨下，齊向敵機以機槍密集掃射，敵軍招架不住，當有二機中彈受傷，狼狽遁去。一飛至浦口北三十餘里起火落地，一飛至鎮江附近爆炸墜地。其餘敵機情急，聯合十餘機，向我一戰鬥機撲來。當以衆寡勢殊，我機在三汊河對江受傷，降落水上。二戰士受微傷。敵機即紛向江陰方面逃去。我空軍戰將董明德君殺敵心切，乃單人獨馬，猛加追擊。至江陰上空時，當將一敵轟炸機控制在手，使其絲毫不能逃出機槍射程。戰鬥約數分鐘，該敵機油箱即中彈起火。黃煙一縷，機墜地上，爆炸巨響，聲震數里。其餘敵機，齊向董君之機猛烈圍攻。董君急騰飛高空。衆敵機見無機可乘，且受嚴重威脅，不得不迅速逃去。事後調查，敵機計被我擊落四架。

(廿四)敵機各地肆虐

共被我擊落七架

敵機二十餘架，於九月二十一日午後一時一刻，分路襲幷，我空軍奮勇迎擊，激戰約一時敵敗去。此役敵機被擊落四架。

二十二日下午，敵機至魯南各縣肆虐，在滋陽被我擊落一架，俘獲二人。又在南霞口墜落敵機一架起火，機內五人均焚斃。

敵機十一架，二十二日午後三時飛兗投彈，敵機一架被我高射砲擊中，當即焚燬墜落，敵機師三名，一已摔死，二被生擒，餘機倉皇逃去。

（廿五）我空軍轟炸敵航空母艦

毀敵機十餘架

敵機八架於九月二十四日晨四時襲廣州，投彈五枚，損傷甚微，我空軍一隊廿三日由廈門出發，轟炸敵航空母艦，敵艦受重傷，敵機被毀十餘架。

（廿六）敵機五度犯京

被我擊落五架

敵機九十六架於九月二十四日上午九時半至下午四時半分五次襲擊南京，第一次來三十一架，第二次來三十二架，第三次來六架，第四次來十二架，第五次來十五架，均僅有一小部份竄入京市上空。當第一次來襲時，我空軍當卽出動迎擊，京郊發生激烈空戰，敵機雖大半被擊潰退，仍有十餘架竄入市空，我各方高射槍砲一齊向敵機猛擊，敵機仍冒險在各處投彈，並用機槍向下掃射，一時爆炸聲與槍砲聲轟然並發，震撼全市，下關電廠被炸，機器略有損傷，至十時半，始解除警報。此役敵機被我擊落五架，大半為高射砲所擊中，計驅逐機一架，落於南王府園廿七號院內，重轟炸機二架，落於下關，均起火焚燬，尚有兩架被擊傷後，仍圖飛遁，一架在泰興墜落焚燬，一架尚未查明擊落地點，以上為第一次襲擊之情形。

以後四次，經我空軍奮勇應戰，敵機勉强投彈數枚逃逸。

(廿七)我空軍三次到滬夜襲敵艦

向吳淞楊樹浦及浦江敵艦投彈卅餘枚

我空軍於九月廿五日晚十時五十分，十一時半，及廿六日晨一時十分，先後三次到滬夜襲，向吳淞楊樹浦及浦江敵艦投彈廿餘枚，敵艦高射砲密集齊發，我機安然而返。

(廿八)敵機犯廣德竟冒充我國飛機

外部照請各外使注意

二十七日晨十時十分，廣德方面發現飛機兩架，由東南方飛來，我方聞報，即加戒備，迨該二機飛近時，見其機身飾有我國國徽，形式亦與國機酷似，且飛行甚低，僅離地面五百尺，咸認爲我機歸來，詎該二機突擲下兩彈，幸均落於牆根，無何損傷，我當局以敵方此種行爲，實屬卑劣已極，非第可以加害於我，且易引起國際誤會，頃特通知滬租界當局及各國軍艦，予以切實注意云。

又訊：二十七日上午十時十分，有日本單翼飛機兩架，冒充我國飛機，飛往廣德投擲炸彈兩枚，其機形狀顏色，與我機完全相同，幷冒用我黨徽，我政府得報後，以日本不顧國際信義，國際約規，慣用此種卑鄙不法行爲，萬一將來在我國之友邦人民生命財產因此受有傷害，日本應負完全責任，已由外交部於昨日下午將此不法事實照會各國在華使館，請其報告各該國政府，嚴密注意云。

(廿九)太倉境內墜落敵機一架

俘獲敵空軍分隊長

能得生還誓不再作軍人

九月二十六日上午十時，有敵機九六式一二六號太倉縣境受傷墜落，俘獲敵空軍聯隊第二分隊長山下七郎一名，據供籍貫係九州福岡縣久留米市梅滿町九三零番地，父名山下德次郎，並云中國軍隊之英勇，實出乎日人意料之外，伊甚望早日停止戰事，能得生還，誓不再作軍人，被俘獲後，蒙我優待，尤爲慚愧云云。

(三十)京郊空戰擊落敵機一架

同日青陽港亦擊落一架

敵轟炸機二十三架，分兩隊於九月二十八日午來京，企圖侵襲，我空軍聞報，即前往截擊，在京近郊發生激戰，有敵機七架，乘機竄入京空，經我高射槍砲猛烈射擊，敵機盤旋一週逸去，在城外與我軍交綏之敵機，因受重大威脅，急向嘉興一帶逃遁，我空軍奮勇追擊，至嘉興上空，即將敵重轟炸機一架操縱在手，予以敏捷準確之掃射，該機中彈起火，墜地爆炸，我軍亦即返防。

九月廿八日下午三時許，青陽港擊落敵機一架。

(三十一)敵機分襲淮陰常熟杭州
被我擊落三架　一架受重傷

敵機於九月二十六日午飛白茆口一帶低空窺察，被我高射機關槍擊落二架，一落太倉，一落雙鳳鎮附近。

敵機七架，二十八日上午八時由海甯竄杭，二架飛入市空，以機槍掃射，餘機於筧橋投彈十三枚，毀棚舍數間，十一時半，敵機六七架飛嘉興硤石一帶窺伺，一架被我擊傷，落桐鄉崇德間之屠甸鎮，機師二人逃逸，現正加緊搜捕。該機日內可運杭，下午四時敵機二架，飛桐鄉崇德窺伺。圖救該墜機未果，旋逸去。

敵機四架，於九月二十九日晨七時襲淮陰，於運河北岸郊野投下數彈，旋即盤旋市空數匝，我軍以高射槍砲猛烈射擊，七時半倉皇向東北逸去，旋接新安鎮來電，謂敵機一架為我擊中重傷，飛行甚低，有搖搖欲墜之勢。

(三十二)蘇嘉等地發現擊落敵機三架

九月二十九日有水陸兩用之敵機三架，在嘉興上空低飛窺察，被我高射砲擊落一架於桐鄉附近，機身未損，內有二十五公斤之炸彈兩枚，惟駕駛員已逃走，已下令嚴行縣賞搜查，又敵軍艦兩艘已駛至乍浦停泊，希圖援救其駕駛員。

二十八日上午九時半，王店有敵機兩架飛往投彈四枚，該處附近屠甸寺鄉有敵一架墜落，係敵軍二十二隊第六十四號轟炸機，機師三人在逃，正在密緝中。

二十八日敵機兩架，飛滬轟炸時，爲我高射砲擊中一架，落嘉定縣區。

（三十三）我空軍四次飛滬夜襲奏功

敵艦兩艘受重傷

十月一日晚九時二十五分，十時二十分，十一時三十分，二日晨零時十分，我空軍四次到滬夜襲，共有十餘機之多，到楊樹浦公大紗廠附近敵軍機場，及匯山碼頭吳淞口外向敵軍陣地及敵艦投彈數十枚，有敵艦兩艘受重傷。浦江敵艦放高射砲一小時餘未停止，我機安然而返。

（三十四）我空軍飛滬夜襲之成績

炸毀兩大紗廠

我空軍於十月二日晚九時半，再飛滬襲擊，在楊樹浦敵陣地，投擲多彈，敵艦倉皇以高射砲應戰，我機完成任務後全部安返。

二日夜我空軍飛滬襲敵，在楊樹浦敵軍陣地投彈數枚，二枚落公大紗廠，聲震遐邇。又一日我機四度夜襲其中一彈投落大康紗廠，敵方受損均巨云。

(三十五)敵機損失在百架以上

精銳戰鬥員死四百餘名

敵軍侵華以來，損失奇重，尤以空軍方面爲最，損毀之飛機，在百架以上，戰死人員，達四百餘人，在粵墜海而死之吉田和雄少佐以下二十一人，屍體迄未尋獲，倘有已證實戰死者，計有大尉佐藤圭計（霸縣），山內達雄及梅林子次（南京）中尉礁谷（滄州），多尉尾方涼工及上野（保定），川口（南京），准慰淵野（保定），一等兵土生明男，番匠吉乘，小林及高倉（滄州），中越（杭州），中山怡（上海），山口（江陰），二等兵永野忠三（上海）等十六名。

(三十六)敵機來京空襲被我擊落兩架

我空軍在句容與敵激戰

敵重轟炸機及輕轟炸機二十二架，於十月六日晨十時自西南方來有企圖襲擊首都模樣，我空軍聞報，卽派機前往截擊，敵機行至皖境，突有十一架向安慶方面竄擾，另十一架直向京進發，在句容上空敵我相遇，旋發生遭遇戰，正混戰間，敵輕轟炸機七架，乘機偷入京空，飛向大校場一帶肆擾，迨飛經通濟門時，我高射砲猛烈齊發，當有敵輕轟炸機一架中彈，黃煙一縷，砰然下墜於大校場附近水塘內，機內機師一人，戰鬥員一人，立卽斃命，機身半浮水面，現正打撈中，餘機見勢危殆，均紛紛狼狽逃去。至下午二時三刻，又有敵機九架企圖來京空襲，我軍前往攔擊，在句容一帶與敵開始交綏，敵機見無機可逞，乃由東南方繞道竄至京郊，在大校場附近投彈十餘枚，旋有向京空進襲模樣，經我高射砲射擊，敵機退去，旋被我機追蹤趕及，發生遭遇戰，約歷十五分鐘，有二機彼此受傷下墜，我機內人員略受微傷，機身亦稍有損毀，但尙可修理，至受傷之敵機，飛過浦鎭卽起火墜落，現已派人前往搜尋，其餘敵機下午二時許，紛紛向揚州一帶逸去。晚八時又有敵機兩架，由南方飛來，在浦口京郊一帶盤旋窺察，歷一時許始去。

(三十七)結論

近數年來，敵人積極擴充空軍，列入全世界空軍第五位，輕視我國，以爲不値一擊。乃自戰事爆發以來，敵人空軍，迭遭我軍摧毀。敵木更津鹿屋兩海軍航空轟炸機，敵人素以神勇自矜，誇耀世界。此次在首都，杭州等處與我國空軍作戰，幾至全軍覆沒，於是素稱世界一等强國，圖握東亞霸權牛耳之日本帝國主義者之空軍實力，暴露無遺。同時，我國空軍將士作戰精神之英勇，駕駛技術之精巧，亦爲全世界所稱道讚佩。究其原因，約有數點：

一．我國此次對日抗戰，乃爲自衛生存而戰，爲求民族之自由平等而戰，爲維持世界正義和平而戰，師直爲壯，故能奮不顧身，以一當百。反之，敵軍將士人人皆知彼國此次對華作戰，乃爲侵略而戰，爲滿足少數軍閥野心慾壑而戰，違背正義，破壞和平，世界各國，羣起責難。只以迫於威脅，不得已而來作戰，皆非出其本願。師出無名，故將士無決死之心，未戰先怯。我軍迭次在敵軍俘虜及死者屍身搜出護身符，千女縫，家信，及女子照片等等，可爲鐵證。當兩軍作戰之際，敵人將士戀妻顧家，貪生畏死，其缺乏戰鬥能力，理之固然。

二．日本軍閥，利用思想封鎖政策，欺蒙其下級部隊，例如欲圖壯其部屬胆量，遂狂言我方毫無準備，不值一擊。彼方將士，不知底裏，信以爲眞。當敵機初次襲擊南京等地時，虛驕之氣，不可一世；純用重轟炸機，並無驅逐機掩護。及見我方防空設備周密，驅逐機攔擊猛烈驚慌失措，一敗塗地。證以廣德俘虜伊東朝男（鹿屋航空隊駕駛軍曹）之口供，可見一斑。

「……當我們出發襲擊南京時，長官祇對我們說：中國無防空設備，即其飛機亦不能與我作戰。誰知八月十九日一到南京，中國的防空兵器對空射擊甚烈，而且命中率頗大。我們同來九機上的人員，均已心慌意亂，勉强投了炸彈，即向原路飛回，但又遇到中國驅逐機來攔擊，將我所駕飛機油箱擊破，被强迫降落於廣德附近山中，因爲我軍參加「一二八」上海戰事的人員，已先後退伍。現在的，多是年輕而無作戰經驗的，所以一遇貴國飛機，立刻心慌意亂，結果多被打敗。我現在被捕，只希望和平後，能放我回國……」

日本軍閥愚弄其部屬如此，其敗固宜。

三、敵機動作滯笨，每與我軍相遇，輙被擊敗。如襲擊杭州，廣德，南京等地之木更津鹿屋兩海軍航空隊之飛機，被我擊落數量，在七十架以上，其因氣候惡劣機件損壞而墮落者，尚不在數內。至於我方損失，則爲數甚少。我空軍每次與敵作戰，均以少勝多，甚至我飛機一架，可與敵機十機以上作戰，擊落敵機，安然而返。

附錄（一）

敵海軍航空官兵在我境內傷亡姓名表

廿六年八月份

職級	姓名	隸屬	附註
大尉小隊長	小谷雄二	木更津航空隊	
一等航空軍曹	太田武夫	仝	
二等航空軍曹	鵜沼國治	仝	
一等航空軍曹	木村彌一郎	仝	
一等航空兵	小川勝三	仝	
一等整備軍曹	黑川明	仝	
三等航空軍曹	藤島松稚	仝	

一等航空兵	增子正行	仝	
二等航空兵	飯尾秀雄	仝	
三等航空兵	斧田卯之助	仝	
一等航空兵	間劉國正	仝	
三等整備軍曹	遠藤利秋	仝	
一等航空兵	及川至	仝	
大尉小隊長	田中次郎	仝	
二等航空軍曹	山口敏雄	仝	
三等航空軍曹	佐藤剛	仝	
二等航空軍曹	德富忠雄	仝	

二等航空軍曹	平井春治	仝	
一等航空軍曹	阿部正治	仝	
一等整備軍曹	中村秀司	仝	
一等航空軍曹	齊藤勝次郎	仝	
一等航空兵	和田豐次	仝	
一等航空曹長	道內永	仝	
三等空曹	關根實	仝	
二等空曹	水口和秀	仝	
一等機械兵	木藤正男	仝	
	鈴木靜助	仝	

	田川勝次郎	仝
	莊司五郎	仝
	小松智廣	仝
	三井豐次	仝
	小川秀雄	仝
	田中寅吉	仝
	佐之木市郎	仝
	中島金吾	仝
	嵩　孝	仝
	宮次勝治	仝

	須藤三男	仝	
	長峯末吉	仝	
	組野俊夫	仝	
	中西與四郎	仝	
	金森義光	仝	
	小沼房之助	仝	
	藤澤俊造	仝	
	佐藤忠司	仝	
	依田二三郎	仝	
	水上正義	仝	

	船越亮介	仝	
	伊藤敏中	仝	
	二見靖雄	仝	
	櫻井定一	仝	
	田中正中	仝	
一等機械軍曹	田中正一	仝	
航空曹長	渡邊男	仝	
	南波芳隆	仝	
	大反堡	仝	
	波賀美賀	仝	

戶賢田太郎	仝
鉢村利己	仝
岩下良之助	仝
佐藤勝次	仝
東小川清三郎	仝
安藤仁藏	仝
千葉三郎	仝
大林三郎	仝
古峯正二	仝
沖谷與作	仝

	川田正太郎	仝	
	大庭彌一郎	仝	
	石島浩平	仝	
	高橋哲平	仝	
	岩田武雄	仝	
	時任正武	仝	
	赤掘政一	仝	
	森清麻	仝	
	中島策郎	仝	
	植田啓三	仝	

	小野進司	仝
	長谷川清	仝
	飯尾義輝	鳳翔航空母艦
	桃崎意喜雄	鹿屋航空隊
	坪井	仝
	横山	仝
	峯松	仝
	竹內康雄	仝
	太田輝夫	仝
	河世知幸	加賀航空母艦

	松田敏夫	仝	
	川　勇	鹿屋航空隊	
二等航空兵	恩地五郎	仝	俘虜
三等航空兵曹	松浦久夫	加賀母艦	仝
	岡本純	仝	仝
二等航空兵曹	竹下良一	鹿屋航空隊	仝
三等航空兵曹	田中下令	加賀母艦	仝
一等航空兵	濱崎三郎	仝	仝
二等航空兵曹	高橋平治郎	龍驤母艦	仝
一等航空兵曹	成田山朝夫	佐世保航空隊	仝

三等航空兵曹	片山利人	佐伯航空隊	仝
一等航空兵	伊東朝男	鹿屋航空隊	仝
三等航空兵曹	楠元武則	加賀母艦	仝
三等航空兵曹	岡本一郎	鹿屋航空隊	仝
二等整備兵曹	小池逬男	仝	仝
一等航空兵	住川祐光	仝	仝
二等航空兵曹	宮原辰雄	仝	仝

合計　一百零五人

查八月份敵航空官兵在我境內死傷者，約在三百名以上，除已查明姓名者一百零五人外，餘難考查。

附錄（二）

八月份所獲敵空軍俘虜詳細調查表

級職	姓名	年齡	住址	生日	出身	飛行紀錄	隸屬	所乘機種	目的地	擊落地點	日期	時間	備註
三等航空兵曹（駕駛）	田中下令	二四	熊本縣菊池郡菊池村一九六三番地	大正三年八月十六日	霞ケ浦航空學校第廿九期生	四百五十小時	加賀航空母艦	九四式輕轟炸機（二人乘）	杭州	慈谿	八月十五日	九時	原在佐世保航空隊
一等航空兵（偵察）	濱崎三郎	二五	長崎縣西彼杵郡練早町二〇一番地	大正二年一月十七日	橫須賀航空學校第三十六期生	一百小時	仝右	仝右	仝	仝	仝	仝	與田中下令同乘
二等航空兵曹（駕駛）	高橋平治郎	二五	千葉縣匝瑳郡平和村（東谷）一二八番地	大正二年二月十九日	霞ケ浦廿期生	一千二百小時	龍驤航空母艦	八九式攻擊機	杭州	餘姚	八月十五日		

一等航空兵曹（偵察）	成田山朝夫	二三	長崎西彼杵郡矢上村平野名二九七番地	大正四年八月廿三日	横須賀三十期生	四百小時	大連航空隊	九八式偵察（攻擊）機	廣德	海鹽	八月十四日	八時四十分	
三等航空兵曹（駕駛）	片利山人	二三	熊本縣飽託郡川尻町五三〇番地	大正四年三月一日	霞ケ浦廿四期生	七百五十小時	仝右	仝右	仝	仝	仝	仝	與成田山朝夫同乘原在佐伯航空隊
二等航空兵曹（駕駛）	竹下良一	二三	佐賀縣神崎郡池內村四四五九番地	大正四年三月十五日	横須賀第廿期生	七百小時	鹿江航空隊	九六式偵察機	杭州	杭州	八月十五日	八時半	由九州鹿江至杭州
二等航空兵曹（駕駛）	恩地五郡	二〇	和歌山縣伊都郡學文路村南馬場九六六番地	大正七年九月八日	霞ケ浦三十二期生	四百小時	鹿屋航空隊	九六式重轟炸機	杭州	浦江	八月十四日	十六時左右	由台北出發至杭州
三等航空兵曹（偵察）	松浦久夫	二四	福岡縣浮羽郡江南村（七管）一八二番地	大正三年五月二十八日	横須賀廿六期生	五百小時	加賀航空隊	九六式陸上偵察機	仝右	紹興	八月十五日	九時	由長崎大村至杭州

一等航空兵（駕駛）	佳川祐光	二二	廣島縣廣島市和昭通一丁目一五三番地	大正五年二月六日	霞ケ浦卅七期生	六百小時	鹿屋航空隊	九六式重轟炸機	南京	太湖附近	八月十九日	十三時左右	
一等航空兵（射擊）	伊東朝男	二五	大分縣直入郡豐岡村字龜ケ淵一二一三番地	大正二年一月七日	橫須賀卅二期生	六十小時	鹿屋航空軍	九六式重轟炸機	南京	太湖附近	八月十九日	十三時左右	曾至杭州南昌揚州上海等地轟炸，凡五次來京
二等航空兵曹（駕駛）	宮原長雄	二五	佐賀縣佐賀郡西川副村大字小小森一〇六番地	大正二年九月十三日	霞ケ浦卅六期修業	六百五十小時	仝右	仝右	仝	仝	仝	仝	
海軍二等警備兵曹（整備員）	小池近男	二七	廣島縣御調郡土生町字和部六一番地	明治四年十二月九日	橫須賀廿四期生	三百小時	仝	仝	仝	仝	仝	仝	
三等航空兵曹（偵察）	岡本逸郎	二二	長崎縣北松浦郡上志佐村高野七一二番地	大正五年八月一日	橫須賀三期飛行練習生	二百五十小時	仝	仝	仝	仝	仝	仝	自佳川祐光起以上五人同乘一機，油箱及發動機被擊燬落於太湖附近

三等航空兵曹（駕駛）	楠元武則	二三	鹿兒島縣肝屬郡大根占町六〇九番地	大正四年三月一日	霞ケ浦二十三期生	九百小時	加賀航空母艦	九八式戰鬥機	蘇州	崇明西	十月十六日		
一等航空兵（駕駛）	岡本純一	二五	高知縣幡多郡中村町下一番戶	大正二年十月五日	霞ケ浦二十四期生	九百八十小時	仝	八九式攻擊機（三人乘）	杭州	杭州	八月十五日	午前	油箱擊破着火落地灼傷頗重經中央醫院醫治截去一足已傷愈出院

附錄(三)

被我擊毀之敵機式別及官兵死亡人數統計表

民國廿六年八月份(八月十四日起至八月卅一日止)

日期	敵機名稱	地點	人數	狀況	備考
八月十四日	九二式艦上偵察機	杭州半山	二	均死	
仝	九四式輕轟炸機	浦江	三	一被虜 二死	加賀航空母艦機
仝	九六式陸上攻擊機	慈谿阿南	七	一被虜 六死	鹿屋海軍航空隊
八月十五日	九二式艦上偵察機	杭州附近楊家道地	二	均死	加賀母艦
仝	九四式輕轟炸機	杭州宣家埠項家道	三	一被虜 二死	龍驤母艦
仝	九二式艦上偵察機	杭州附近李家村	二	均死	仝

仝	仝	翁家埠曹家棣	二	仝	仝
仝	九四式輕轟炸機	孔家海	三	一俘虜二死	
仝	九二式艦上偵察機	曹娥山中	二	一被虜一死	
仝	仝	曹娥場外	二	仝	
仝	九六式陸上攻擊機	錢塘江口	六	均死	
仝	仝	句容第四區華家邊	七	仝	敵木更津海軍航空機
仝	仝	句容吳蜀附近	七	仝	
仝	仝	溧水第三區大尉村	五	仝	
仝	仝	麟麟附近	六	仝	
仝	仝	方山附近	六	仝	

仝	仝	上方鎭高橋門附近	六	仝	
仝	仝	仝	仝	仝	
仝	九六式陸上攻擊機	大校場東南	六	仝	
仝	八八式偵察機	南口禾北間	二	仝	
八月十六日	九六式陸上攻擊機	句容第一區石營	六	仝	敵木更津海軍航空隊
仝	仝	句容第一區光里	仝	仝	仝
仝	仝	鎭江華城鄉	七	仝	仝
仝	九二式艦上偵察機	蘇州場西	二	仝	加賀母艦
仝	九六式陸上攻擊機	廣東興履	六	生擒三人餘逃	
仝	九二式艦上偵察機	餘姚	二	均俘虜	鳳翔母艦

八月十九日	九六式陸上攻擊機	廣德五區	六	一死五生擒	敵鹿屋航空隊
仝	仝	廣德	六	死	仝
八月廿日	八九式攻擊機	黃浦江	三	仝	龍驤母艦
仝	仝	江灣附近	三	仝	仝
八月廿一日	九六式陸上攻擊機	東台時堰	六	仝	木更津海軍航空隊
仝	仝	東台富安	六	仝	仝
仝	仝	儀徵婁營	六	仝	仝
仝	仝	天長草廟山	六	仝	仝
仝	仝	江都第六區交平鄉	六	仝	仝
仝	八九式攻擊機	江陰	三	仝	

八月廿三日	九〇式驅逐機	上海	一	仝	加賀航空母艦
八月廿四日	九六式陸上攻擊機	天長黃湖郊外	七	仝	木更津海軍航空隊第五分隊
仝	仝	定海商島海邊	六	仝	鹿屋海軍航空隊
仝	仝	句容南	七	仝	木更津航空隊
仝	九〇式驅逐機	上海東	一	仝	
八月廿七日	九六式陸上攻擊機	高郵湖	六	仝	鹿屋海軍航空隊
仝	仝	天長縣境	七	仝	木更津海軍航空隊
八月卅日	八九式攻擊機	廣德機場	三	仝	鹿屋航空隊
仝	九〇式艦上驅逐機	南匯	一	仝	
八月卅一日	九六式陸上攻擊機	東莞	五	仝	鹿屋海軍航空隊由台北來

仝	九二式偵察機	河北雄縣	二	仝
	四　七　架	合計二〇三人	俘虜十五人 在逃者三人	

附記	查八月份共擊落敵機六一架除四七架已先後查明外，餘十四架正在派員前往按地調查中，敵方空軍死傷人員，約在三百員兵以上。

附錄(四)

木更津的戰死者委實太多了

敵機長斧田身畔之一封家書
充分表現日本人的厭戰心理

(轉載)

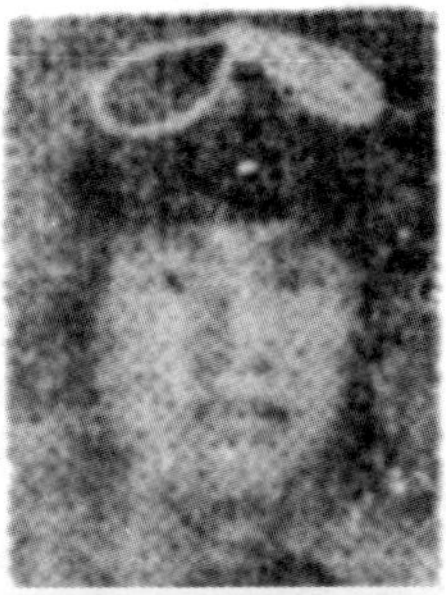

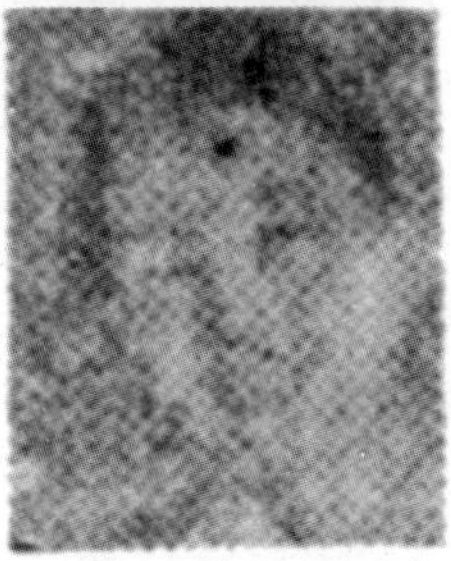

八月二十七日，我空軍在天長擊落敵機一架，在該機中搜出敵機長斧田卯之助（圖上）家函一件，及其妻敏子（圖下）照片一幀。茲譯其函如下：『每天在酷暑中歸來，掛念着，爲什麼呢？東西一點兒都吃不進，但是很强健着。你也强健吧！你的信一封都沒有收到，實在太掛念了，忙嗎？倘若想到你，萬一……悲慘的情緒立刻襲上我的心頭，我是非常的焦慮，懷念，不安，有時遂至通宵不能入眠，木更津的戰死者委實太多了！十六日以後的戰死者又在發表了。請你每天給我信吧！我一時一刻一分一秒都在渴望着期待着你的佳音。黑崎軍曹逃避戰死的那樣事，希望你具有那樣的神氣。昨天去拜訪持同軍曹的夫人，還沒有回到舘山去，在她主人未歸來以前，仍住在木更津長斧田君，祝你康健着。母親她們自從你出發後，天天朝晨去拜菩薩，祝禱你平安，在這樣冷靜的家中，尤其到了你晚歸的時間，而我等待的樣子，誰看了都傷心，請你早一點回來吧！你永遠的平安（餘略）。斧田卯之助兄—敏子』。（下圖即爲敏子原函中之一節—國際社攝）

附錄（五）

日本空軍俘虜田中下令訪問記

（轉載）

記者探聞敵海軍航空隊俘虜多人，羈押於首都郊外某院拘留所，經商得某機關軍法官之同意，爰於九月十四日午後三時，偕同友人翁倚功君，驅車前往，三時半抵某院，進入俘虜拘留所。此臨時拘留所，係借用該院所有者之一部分，僅十餘號，屬於新建築，光線充足，空氣清鮮，頗合衞生條件，此處羈押之日本空軍俘虜計十五人，外漢奸數人，每一號置小鐵床三，其中拘留之人數一、二人或三人不等。

田中下令

記者承拘留所執事者領至一室，並介紹俘虜中之一名田中下命者出見。田中下命身材中等，體格壯健，着白襯衣，藍短袴，拖木屐，見面一鞠躬，狀頗恭敬。田中二十四歲，熊本縣菊池村人，霞ケ浦海軍航空隊出身，隸屬於加賀航空母艦，充三等航空兵曹。茲將記者與彼談話之概要述之於次：

問：此次被派空襲，何時自何處出發，目的地何在？

答：十五日午前六時自加賀母艦上出發，奉派轟炸杭州飛機場。

問：所駕之機，係何種類？同乘者幾人？續航時間如何？

答：九四式輕轟炸機，二人乘，續航時間十二小時。

問：機上有機槍幾架，能攜帶炸彈幾枚？

答：有機槍三，前二，後一，能帶六十公斤炸彈二枚。

問：被擊落與被俘虜之情形如何？

答：在杭州實施轟炸時，發動機被擊中，發生故障，飛至曹娥江，强迫降落於江面，經漁舟救起，翌日被送至慈谿縣政府，轉送杭州。

問：加賀航空母艦搭載飛機幾架？艦長何人？

答：加賀母艦搭載飛機四十五架，艦長爲井奈垣姓來少將，問：艦上配置高射砲若干？
答：二十門。
問：汝曾入何校？進入海軍航空隊之經歷如何？
答：曾在高小畢業，前年考入霞ケ浦航空隊學習飛行六個月，復轉至大村航空隊一年，即派往加賀航空母艦充當三等航空兵曹，在加賀母艦供職七個月。
問：日本軍閥，侵略中國，窮兵黷武，致汝等被俘，汝對此作何感想？
答：余個人決不欲侵略貴國，不過余是一軍人，無可如何，亦唯有服從我長官命令，聽其指揮而已。
問：家庭狀況如何？
答：父母健在，有兄一人，連余共四人，父與兄均從事農業。
問：汝充航空兵曹月薪若干？
答：連津貼，每月俸給七十五元。
問：將來中日戰事結束，汝歸國後，擬仍在航空隊服務，抑另作他圖？
答：假使將來能返國，不願再入航空隊，願返里務農。

問：汝所佩帶之「千女縫」，作何用途？係誰所給？是否千女所縫？

答：「千女縫」係家鄉女學校各女生每人縫一針所成者，作戰時，佩帶於胸部，槍彈可以不入，我國軍人多佩帶此物，余所有者，乃父親之賜。

問：汝被俘虜後之生活起居如何？有何希望？不欲寫家書否？

答：現在之生活起居甚好，無可説，惟甚希望余等同被俘者，每晨能聚在如此之廣室，相與互問晨安，略一談話耳。至於家書，以被俘之關係，甚覺羞恥，殊不願爲也。

附錄(六)

日本空軍之組織及其兵力之估計

近數年來，日本帝國主義者對於航空兵力之發展，進度甚速；其原因：

一·日本海軍兵力，受華盛頓會議之限制，於是採取積極的海軍航空兵力政策，以代替「戰艦及潛水艇建造權的剝奪」，而補救國防上的缺點。

二·「九一八」，「一二八」兩次事變期間，日本空軍在昂溪，錦州，上海，蘇州諸戰役中，收極大效果，愈加證實空軍在戰爭上的價值。

三·蘇俄以高度發展的航空兵力，不時給予日本以强烈的刺激與威脅。

去年五月間，日本軍事當局，更樹立所謂「發展空軍四年計劃」，竭力擴充。其具體辦法，擬於四年之內，將航空部隊增加至現在(現時日本軍用民用的飛機總數約二千六百餘架)之二倍以上，擴充東京，大阪，北九洲各地航空機數量，增設飛行學校四所，決定於最短期間，養成民間飛機師一千五百名。在經費方面，一九三五年度預算總額為七千萬元，三六年度，增加至一億一千萬元。此後尚須逐年增加，至三億爲止。其主要目的，在「應付遠東的赤軍及控制中國的陸空」。此項計劃，一旦完成，則日本航空武力，必益形增大。

一・日本空軍之組織

日本空軍組織，分爲「陸軍航空」與「海軍航空」，前者由陸軍省航空本部管轄，後者由海軍省航空本部管轄。民用航空，則於遞信省內附設航空局，從事管理監察。玆分述如次。

甲・陸軍航空

1.陸軍航空本部

日本陸軍航空本部，爲陸軍航空之總機關，直隸於陸軍大臣。指揮全國飛行聯隊，從事種種航空研究，及管理，製造，購買飛機等事務。本部設於東京。

2.飛行部隊

日本現有陸軍航空兵力，計有航空兵團一，飛行團五，飛行聯隊十六，分駐於本州，台灣，朝鮮及僞滿境內。其分佈地點如次：

團別	隊別	機種	駐地
第一飛行團	飛行第一聯隊	驅逐	岐阜各務原
	飛行第二聯隊	偵察	岐阜各務原
	飛行第七聯隊	轟炸	濱松市
第二飛行團	飛行第六聯隊	混合編制	朝鮮平壤
	飛行第九聯隊	混合編制	朝鮮會甯
第三飛行團	飛行第八聯隊	混合編制	台灣屏東
	飛行第十四聯隊	混合編制	台灣嘉義
第四飛行團	飛機第三聯隊	驅逐	滋賀八日市
	飛行第四聯隊	混合編制	大刀洗
	飛行第五聯隊	混合編制	東京立川
第五飛行團	飛行第十聯隊	驅逐偵察	齊齊哈爾
	飛行第十一聯隊	驅逐偵察	哈爾濱
	飛行第十二聯隊	驅逐偵察	長春
	飛行第十三聯隊	輕轟炸	錦州

飛行第十五聯隊　輕轟炸　牡丹江

飛行第十六聯隊　重轟炸　公主嶺

在十六聯隊中，合共有九十六中隊，內分：

驅逐機中隊　三十六中隊

偵察機中隊　二十四中隊

輕轟炸機中隊　二十中隊

重轟炸機中隊　十六中隊

每中隊機數之配備，並無一定。大約：

偵察機一中隊　飛機十架

戰鬥機一中隊　飛機十五架

輕轟炸機一中隊　飛機八架

重轟炸機一中隊　飛機七架

關於日本現有陸軍飛機數量，外人極難知其底蘊。根據日本出版之軍事書籍，蘇俄軍事專家調查，以及最近中外報紙雜記所紀，約有：

驅逐機　四百三十二架

偵察機	二百一十六架
輕轟炸機	一百八十架
重轟炸機	一百二十八架
預備機	二百架
合計一千一百五十架左右	

3. 飛行學校

日本陸軍飛行學校，爲養成飛行人員機關，教授關於駕駛飛機學術，空中戰術，空中偵察，通訊方法，空中攝影等。現有飛行學校三所：（四年計劃中决增設四所）

校名	地址	教授科目
所澤陸軍飛行學校	琦玉縣	一般飛機駕駛術發動機理論等
下志澤陸軍飛行學校	千叶縣	主要爲偵察方法
明野陸軍飛行學校	三重縣	戰鬥技術高等飛行等

其所容學生，分爲左列六種：

（一）駕駛學生　以各兵科（除憲兵科）尉官，准尉，軍士，及爲軍士候補人之兵卒充之，使修習關於飛機駕駛之學術。

（二）機械學生　以各兵科（除憲兵科）尉官，准尉，軍士，及爲軍士候補人之兵卒充之，使修習關於機械之學術。

（三）戰術學生　以航空兵科上中尉充之，使習戰術。

（四）偵察學生　以各兵科（除憲兵科）尉官充之，使修習關於偵察之學術。

（五）射擊學生　以各兵科（除憲兵科）尉官，准尉，及軍士充之，使修習關於空軍戰鬥及空中射擊之學術。

（六）特種學生　以航空兵科尉官，准尉，及軍士充之，使修習關於偵察駕駛，通訊，照相，或處理軍火諸學術。

乙．海軍航空

1. 海軍航空本部

日本之海軍航空組織，與陸軍航空組織相同，即在海軍省內附設海軍航空本部。指揮全國之海軍航空部隊，從事種種之研究，管理，製造，購買飛機等事務。

2. 海軍部隊

日本海軍航空部隊，可分爲海上部隊與陸上部隊兩種。海上航空兵力如次：

艦名	機數
赤城母艦	六十架
加賀母艦	四十架
鳳翔母艦	四十架
龍驤母艦	四十架
神威母艦	三十六架
蒼龍母艦	三十架
能登呂水上機母艦	十六架
千歲水上機母艦	十六架

合計海上飛機爲二百七十八架。又其陸上航空兵力如左：

隊名	機種	駐地
霞浦海軍航空隊	驅逐偵察攻擊	霞浦
館山海軍航空隊	重轟炸機	館山
吳海軍航空隊	偵察	廣島吳港
佐世保海軍航空隊	偵察	九州佐世保港

大村海軍航空隊	重轟炸	九州大村
佐伯海軍航空隊	驅逐偵察攻擊	佐伯
大湊海軍航空隊	偵察	大湊
舞鶴海軍航空隊	水上偵察	舞鶴港
木更津海軍航空隊	重轟炸	千葉木更津町
鹿屋海軍航空隊	重轟炸	鹿兒島鹿屋町
橫須賀海軍航空隊	驅逐	橫須賀港
鎭海海軍航空隊	偵察	朝鮮鎭海
御坊海軍航空隊	驅逐	御坊
父島海軍航空隊	偵察	父島
佐泊海軍航空隊	驅逐偵察	佐泊
大泊海軍航空隊	驅逐偵察	大泊

海軍陸上航空隊，共有飛機六十三隊，五百六十七架。外加預備機二百架，則日本海軍陸上海上飛機共爲一千零四十五架。

4. 教育機關

日本海軍航空，並無特設之飛行學校。只於各航空部隊之內，附設軍事航空教育機關，教授各項海軍航空學術。此外尚於一九三四年創設海軍航空學生預備制度，亦爲養成海軍航空飛行人員機關。其辦法係選用大學，高等，專門學校之畢業學生，年齡未滿二十六歲者，編入海軍軍籍，先在橫須賀海軍航空隊受軍事教育二月，然後派往霞浦海軍航空部隊學習各項航空操縱術及戰術。期間定爲一年，期滿得自由退隊。一遇戰爭，或演習勤務時，再由航空當局下令召集之。

二．日本飛機之種別及性能

甲．陸軍機

日本陸軍飛機，可分爲戰門機，偵察機，輕轟炸機，重轟炸機，練習機五種。茲分述如下：

1. 戰門機

(一)九一式　「九一式」（卽一九三一年式）戰門機，爲一人乘坐，有機關槍二門。發動機馬力爲四百五十四至六百匹。其上昇能力，大約飛騰至富士山之二倍（富士山之高度爲三千七百七八十米突）以上，需時五分左右。飛行速率，每小時約五百啓羅米突。

(二)九二式　「九二式」戰鬥機，爲日本向世界誇耀之最優秀的戰鬥機。機身輕快異常，全體重量僅一噸半。有固定式機關槍二門。發動機有六百至七百匹馬力。飛行速率，每小時四百啓羅米突。在空中戰鬥時，從上面攻擊下面敵機，尤爲便利，此時速率，一小時可達五百啓羅米突。上昇能力，大約三分鐘左右可飛騰至五千米突以上。

2. 偵察機

(一)九二式　「九二式」偵察機，爲二人乘坐，有四百五十四馬力。最高速率，爲每小時二百二十啓羅米突。上昇能力爲七千米突。續航時間，爲四小時半。

(二)八八式　「八八式」偵察機的速率，爲二百一十啓羅米突。飛行距離，爲一千一百啓羅米突。上昇能力，爲六千五百米突。

3. 輕轟炸機

輕轟炸機有複葉「八八式」一種，發動機馬力四百五十四，二人乘坐，一人負責駕駛，一人從事射擊機槍，投擲炸彈。速率一小時爲二百二十啓羅米突，搭炸彈能力，約五百啓羅克蘭姆。續航時間爲四小時。機關槍有固定式與迴旋式兩種，此外尚有攝影機的裝置。

4.重轟炸機

重轟炸機有單葉「八七式」一種，有五百匹馬力之發動機二個，推進器亦有前後二個。搭載炸彈能力，爲一千啓羅克蘭姆。機關槍的設備，由二門至四門。續航時間十二小時。飛行人員，有駕駛者二人，技術員二人，發射機關槍者二人，投擲炸彈者二人。此外尚有攝影機的裝置。全機重量約六噸左右。

5.練習機

練習機爲練習飛行者之用，馬力小，續航力短。大抵二人乘坐。日本現有練習機，馬力不過八十匹。

乙•海軍機

日本海軍飛機，其材料較之陸軍飛機尤爲新銳。海軍飛機，可分爲戰鬥機，偵察機，攻擊機，雷擊機，練習機五種。此外尚有飛行艇（飛船），飛行船（氣艇）。分述如下：

1.戰鬥機

(一)三式　「三式」戰鬥機，爲一人乘坐。發動機爲四百二十匹馬力。一小時最高速率，爲三百三十啓羅米突。上昇能力爲五千米突。續航時間爲三小時。有固定式機關槍二門。

（三）一〇式　「一〇式」戰鬥機，較「三式」稍劣。一人乘坐。一小時最高速率三百啓羅米突。續航時間二時半。有固定式機關槍二門。

2. 偵察機

（一）一〇式　「一〇式」水上偵察機，一小時最高速率爲九十五浬，續航時間四小時。二人乘坐；一人駕駛，一人偵察敵情。

（二）一四式　「一四式」水上偵察機，有四百五十匹馬力。一小時最高速率，爲九十六浬。續航時間六時半。三人乘坐。有固定式機關槍二門。

（三）一五式　「一五式」水上偵察機，有三百匹馬力。一小時最高速率，爲九十九浬。續航時間四小時以上。二人乘坐。有迴旋式機關槍二門。

3. 攻擊機

海軍攻擊機，有「一三式」一種。發動機馬力爲四百五十匹。一小時最高速率爲一百零八浬。續航時間六小時。三人乘坐。有機關槍，炸彈等裝置。

4. 雷擊機

海軍雷轚機，有「八九式」一種。發動機馬力爲六百五十匹。一小時最高速率約一百五十浬。上昇能力四千三百米突。三人乘坐。有機關槍四門。搭載魚雷量約九百啓羅克蘭姆。

5.練習機

(一)三式　「三式」水上練習機，馬力爲一百三十匹。速率七十五浬。

(二)一五式　「一五式」水上練習機，馬力爲一百三十匹。速率七十一浬。

6.飛行艇

(一)九一式　「九一式」飛行艇，有發動機兩個，馬力各三百六十匹。最高速率爲七十五浬。續航時間八小時。六人乘坐。有機關槍，炸彈，無線電等裝置。

(二)九二式　「九二式」飛行艇，爲日本海軍最可誇耀世界之爆炸飛行艇。日人曾謂此艇爲世界最大的軍用飛行艇。長二十米突，翼幅三十米突，重十五噸。有發動機三個，每個八百五十個馬力。一小時最高速率爲二百二十啓羅米突。上昇能力四千五百米突。續航時間二十小時。此種巨大的飛行艇，現有三隻。一在霞浦，一在橫須賀，一在館山。

7.飛行船

飛行船有軟體「一五式」一種。有一百三十四匹馬力之發動機二個。最高速率。一小時爲四十一浬。續航時間三十小時。六人乘車。有機關槍，炸彈，無線電等裝置。

丙•民間航空

日本民間航空事業，亦頗發達。遞信省內設立航空總局，管理監督全國之民間航空事業。並於遞信省內特設全國航空事業調查委員會，樹立所謂「民間航空十年計劃」，積極擴充。現時日本民間航空公司，正式經營者計有五所：

社名	航空路程	創設時間
日本航空研究所	大阪—松山—白濱	一九二一年七月
日本航空運輸公司	東京—富山	一九二八年四月
	福岡—台灣	
	大阪—上海	
	東京—大阪—福岡	
	—蔚山—京城—	
	平壤—新義州—大連	

朝日定期航空會	東京——上田——新瀉	一九二八年六月
東京航空研究所	東京……下田——清水	一九二九年八月
日滿航空股份公司	京城——平壤——新義州——瀋陽——長春——哈爾濱——齊齊哈爾	一九三〇年七月

三・日本目前對我使用之空軍

日本目前對我使用之空軍如下：

方面	隊名	機數	地點
冀察方面	德川航空兵團		天津
	駐屯軍飛行隊	二〇	天津
	陸軍飛行第五聯隊	七二	豐台
	陸軍飛行第六聯隊第一大隊	三六	張北，通縣
	惠通公司運輸機	九	天津，豐台

上海方面

木更津海軍航空隊	九六式陸上攻擊機	二〇	大村　濟川島
鹿屋海軍航空隊	九六式陸上攻擊機	二〇	台北　鹿屋町
鳳翔航空母艦		四〇	吳淞口外海面
加賀航空母艦		四〇	杭州灣　定海方面
龍驤航母空艦		四〇	吳淞口洋面
陸軍飛行第三聯隊		八中隊	
陸軍飛行第七聯隊		六〇	仝右

目前在冀察方面之敵機約一百三十架；在上海方面之敵機約三百架左右。

四・結論

1. 敵人航空兵力，雖佔世界第五位，但其軍用飛機飛艇，其能如敵人所自誇耀之陸軍「九二式」戰鬥機，及海軍「九二式」飛行艇者，為數不多。其餘飛機，多係老舊。以故敵人飛機數量雖多，而實力有限，證以素稱神勇之敵人木更津鹿屋兩海軍航空隊之被我空軍銷滅情形，可以想見。

2. 敵人軍用飛機總數，雖有二千餘架，但其能使用於我國方面，最多不能超過三分之一以上。蓋敵人畏俄美之躡其後，絕不能出全力以侵略我國也。

3. 據兩月來抗戰經驗所得，敵方航空駕駛技術之不精良，已爲全世界所公認。故我空軍對敵作戰，每能以少勝多。

戰爭叢刊

空軍抗戰紀略

每冊實價國幣伍分
外埠酌加郵費

著者 張曼羽著

編輯者 戰爭叢刊社 南京湖南路五〇五號

發行者 戰爭叢刊社 南京湖南路五〇五號

經售處 國內各大書店

中華民國二十六年十一月初版

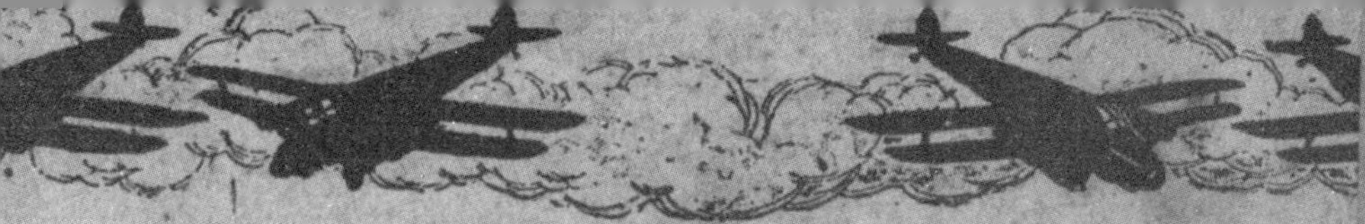

東第一次

空中大戰記

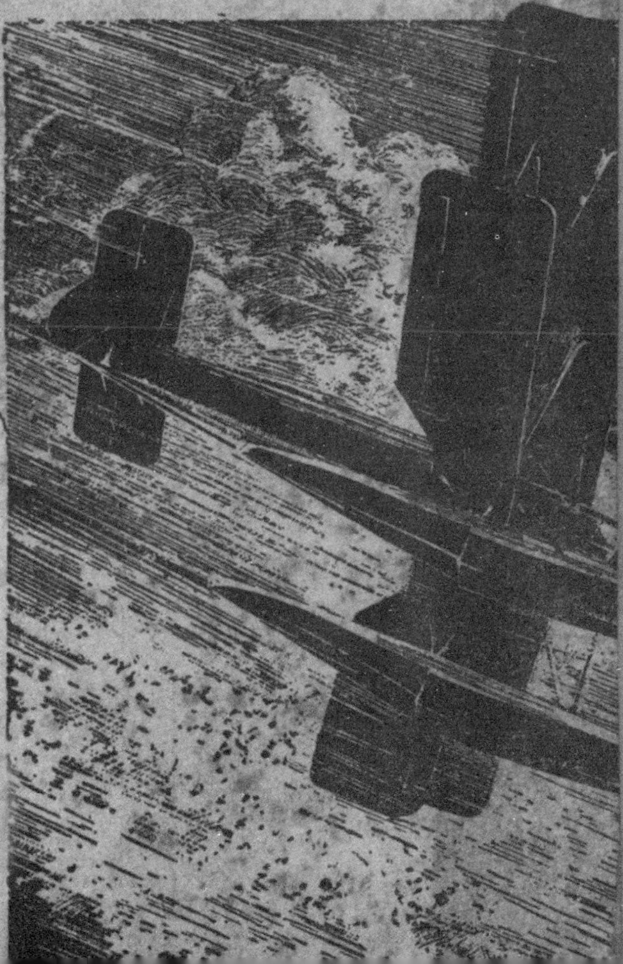

遠東第一次

空中大戰記

中華民國二十六年九月二十日初版
中華民國二十六年十月二十日三版
發行額第一—六〇〇〇冊

上海牯嶺路一四五弄一七號
戰時讀物編行社出版

上海雜誌公司總經售
上海・漢口・廣州・
每冊實價一角

空中大戰記

目錄

空戰前奏

大公

我們一共四個人在下午一時由報館乘汽車向楊樹浦方面出發。

天空佈滿着黑雲，斜風夾雜陣陣的細雨。陰沈沈的天氣，正好是人類大屠戮的象徵。而在楊樹浦一帶，兩軍都在嚴陣以待着。

但，很奇怪，這逼近戰場的地方依然擁擠，而且比平時還擁擠幾倍。這其中五分之三當然是難民，只其餘的則是抱着好奇心看熱鬧的羣衆。黃浦江中陳列着外艦，黃浦江濱便立着層層的人。人排成屏風模樣，自法大馬路一直排到北京路；江面的風光被遮住了，浦東的房屋被遮住了，露在人頭上面的，有那軍艦上的桅檣與圓形的烟筩。

順利地過去南京路，順利地過去北京路碼頭，然後穿過外白渡橋，右轉進入百老匯路。百老匯口迤北冷靜得使人害怕，而百老匯入口經提籃橋過來，馬路中間是汽車、洋車、電車、脚踏車、老虎車，馬路兩旁則是排滿着這社會活動的主體，茫茫然一片，立在中間驟然觀出自己的渺小。汽車停着，電車停着，脚踏車人力車慢慢地向前蠕動着。向東去的人多半空着手，向西來的人則手提布包、皮箱、行李之類；還有的女人抱着孩子，拉着姊妹。人走的很慢，行路的阻礙很多，於是馬路上有的是報紙，有的是箱板，有的是擠破了的搪瓷洋盆……散亂地鋪着，垃圾式的擺着，俯首一看，很容易想到遷居時的室內情景。

從汽車裏下來，步行依然困難。武昌路和南潯路臨百老匯路路口，站立着把守弄口的日本「武士，」他們穿着便衣，穿着破西服，或竟是黑色學生制服，配着方頂帽子，年紀像是自十五歲至五十歲，手裏各都拿着一根纏着布條的木棍，對着每一個過往的行人在兇狠狠地注視着。弄口以內是空寂的，從北面開過來的汽車都要受到他們的檢查。巡捕幾乎看不到，有的在指揮無法指揮的交通，有的在滿頭是汗地東奔西跑。

過去公和祥碼頭，還看不到武裝的同胞；而海浪般湧來的依然是工廠區的居民。西人逃難的也有，日本人也有，我們曾經看到一個滿載日人的搬場汽車，向西開去；又看到一隊狼狽不堪像是由前線逃下來的浪人，由南面衝向北去。

「行路難，歸去來！」從利查路繞道日本領事館的後面，在利查飯店轉角馬路中心發現了一個砲彈丟落的深洞，我們光榮地品評它的來源，惋惜地衡量它和出雲艦的距離。說時遲，那時快，天空又在響動，接着日領館前面的高射砲震耳地轟炸。大家都慌了，橋下的向橋上跑，橋上的又向橋下躲，因為響聲太驟，我們由蘇州河堍逼回靜寂無人的利查飯店以內，飯店門敞開着，侍役向大廳裏跑，紳士型的外人向樓上跑，臃腫的老婦人向柱後藏。這種暴風雨來臨的情形，在這房子騷動了約三分鐘。事後想來也覺得好笑，這引偉大了建築物能同炸彈相敵抗嗎？越向裏面躲不是危險性也越大些吧？因之我想到本乃特（Arnoll Bennett）的許多描寫歐戰的作品，（如The Pretty Lady等等，）但他描寫巴黎倫敦在德國飛機前來危脅的情狀，遠不及我們所見的壯烈親切。在他的書裏我們沒聽見高射砲響而仰望天空的人更沒這一次多。追懷昔賢，倒覺比他幸福多了。

外灘擁立着人，中國飛機一架仍在浦東一帶盤旋，日本的高射砲止而復響，響而復止。接着兩隻日本飛機也由出雲艦邊騰空了，他們也在翺翔，也在迴旋；但低多了，低得步槍可以射到。於是觀衆在私語着：「爲什麽不趕快開砲給他射下來呢？這種因愛國而激發出來的惆悵，像在統制着各人的心，籠罩住各人的面孔。

回報館，大家在申述其所見，在寫出自己所見到的消息。四點鐘近了，窗外又傳來轟轟然的砲音。於是大家又全放下工作，一齊向屋頂奔跑。

來遲了一步，三隻飛機剛被高射砲逼到虹口方面去了，砲還在射，而那最後的一隻躲到黑雲下面。我們都担心它的命運，但一刹那又看到它那徐徐上昇的影子，於是掌聲響動，大家都得到安慰了。

一會又來了三隻，砲又連珠價響。一會又來了四隻，砲仍然響。在機身的前後團聚着一簇簇的黑烟，烟影機影有時會連成一片，前前後後，分不出那是飛機，那是砲彈。這後來的四隻是從南向北排，成人字形。它們衝着風冒着砲彈直向「出雲」進發。砲響成爆竹一般，彈霧染黑了天色，終於它們走到了目的地，一、二、三、四地各自丟下一個炸彈。地下灰烟騰起，但目標仍然錯誤了，當然誰都替它們可惜。

這一幕幕的壯烈空中戰爭，如電影般地在眼前映過。大家都慘痛地想起了「一二八」，大家都熱烈地期待着給人一個慘痛的報復。

我怎樣炸出雲艦

——飛將軍自述——

次霄

花邊白影中的閑情

一束剪秋蘿在我的迎面，每當我不甚覺到疲倦的時候，這瓶放在我牀邊的美麗的花，便映到我眼上來，於是這束花便成爲我安慰的對象。

我像做一個甜蜜的夢，昨日在深不可測的高空活動，今却日落在這離地面不過一尺來高的牀上。要是不曾想起創傷的時候，我不覺失笑了。此刻，我的周圍完全是白色的；除藥物以外，從覆在我身體上的被褥，到天花板，給我一眼是純潔的印象，這種環境會使人發生高雅的感覺，又清靜得使人寂寞；所謂和平，似乎就在這里，我們想要呼吸到和平的空氣，也祇有這里的事實可以形容和平這種理想。

學園時代的風趣濃

可是我是活動慣了的人，對於這種靜止的白色反而不安起來。雖然，天空中也是白色的，但這是流動的，奇異的透明底雲層。顯然地和我目前的情狀，意味是兩樣的。每當我的機身穿過那卷積雲的時候，分有次序的濃淡底雲層，像在剝果皮似的，被我的勇氣退在遼遠後面，這樣，我便感到一種神祕的愉快。我之所以歡喜駕駛飛機，也就因爲由於我這種性情和幻想養成功的，不妨說，正是這麼關係，而決定了我現在的身分。

我的學習航空，從開始到如今，年代該是和中國航空教育同樣長短的，這就是說，中國一有航空學校，便有了我這個學徒。但我自踏出校門後，生活並沒有多大變化，不過駕駛飛機比較讀講義的機會多了。到這期間，我可以把大部份時間放在駕駛上面，除自由地稍涉及理論外，給我却學了不少的花樣——各種特別的飛行技術運動，如基本的：Altail Spin loom, Sideslip. 以及 Nosedlve 等運動，我可以隨自己的趣味，換調的飛行。雖然，偶有時候，機上了附加各機武器，作爲作戰的姿勢出現，但這只能算爲一種難得的練習，而絕沒有機會，使我有增多作戰的經驗。不過，我總希望能有這種時機的來到，每當時局緊張的日子，我就非常興奮的，我往往暗下去撫摩我常用的那隻飛機的駛盤，默祝它立刻昇騰起來，表現抑鬱在我胸口那種憤懣後面的能力。可是我的志願像傳染了寒熱病似的，隨着時局在昇退；祇想從實地作戰上得些經驗，以爲學校教育不足的補助，結果仍是失望，還是一個飛行家質地的，騰雲駕務的遊歷者；也許在地面上看見我們的朋友，羨慕我有一表仙氣的逍遙，其實這正是我的苦悶！

時機到來之前一夜

終竟給我期待到了，這是兩週前的一個淸朗的早晨，我將要作第二回騰空的時候，我的左足正跨到踏板上，出乎意料的接到本隊傳告的準備出戰底密令。在這一忽間，我感動得眼邊滴出淚水來了，有如困龍越出了泥沼，我像是已經昇飛了，而不知道身體離開了機身。這時，該不祇我一個人有這樣興奮，我敢承認，凡是我伙伴的都有這樣情形。

我是屬於最老的一隊，因爲歷史的關係，對於被伙伴們稱爲阿米巴隊。但並非全隊是資格老的，却是，在「一分隊」這三個單位中有一個是新的伙伴。但在系統上我們要算第×隊了。應該這些沒有多大關係，祇少在作戰能力方面，根本我們從未實際地「機對機」的搭當過，即是我們長官也不便定出誰强誰弱的成見來。

于是在這回戰爭發動的時候，首先便被派到我們這阿米巴隊上來了，這好像一種傳統的成規，即是，不可免的表示當「以老為先」的厚意。自然我們對於這種厚意是一致歡受的，那怕是自不量力，不幸的事穩定會落頭上的；這都因了甘心的慫恿，似乎無暇顧及了。

領空上的處女戰爭

在我們起飛的時候，錶針正指着十點三十五分，當我在扳發動機之前，仰首看見頂上一片飛快的積層雲走過，轉眼我的同隊的一個結實底伙伴先我昇騰了，不覺起了競賽的心理，我深深地吸了一口氣似很能清醒人，想是機底的那些豐潤的草原的隱味；不過我稍旋動手裏的駛盤那在遙望中的無邊底綠野便失在我老遠的背後了。

我所用的機，是一架陸上偵察機；此次我出使的任務是偵察敵方兵艦分布的地位，平時聞說日本軍在這方面的射擊力是很可忌慮的，爲防衞萬一起見，也便帶了一顆輕炸彈。我想，即是不遇到被射擊的場合，我亦當留給他們一個禮物，無疑的這種觀念是不正確的，除非敵人疏忽了，事實上決不會；果然給我的好意所蒙蔽了，當我的機身距水面還不到七百尺的時候，就像急不過來似的由艦裏對我這邊射出八九發强烈的鋼砲。雖然這是我初囘的遭遇，但是我的心裏並不慌張，不過比較機警一點，而仍然在黃浦江上飛行。那知道泊在江中敵方的艦，全都響應起來，立刻把靜靜江面弄得烏煙瘴氣，可是我還不就走，在目的未瞭然以前，偏要降低些，近一隻艦頂僅有五六尺，等不到他們開砲，我已經轉了方向，則來一個倒衝，再掠過一隻可以看明敵人鼻目的巡洋艦，然後我方高速的攢昇。可惜那兩隻經我訪問的戰艦所發出兩尊回敬我的砲，却意外的落空了，反而在匆忙中給我投下一顆炸彈。當時不知道投中無有，那我已經昇到一千尺以上的天空了，這是幾百年來被屈辱的中國第一次底吼聲！我脫去那炸彈的一刻，我則覺到這是我自出母胎以來，從未有過的快感，當彈落機體減輕之際，似乎就是我的責任也減輕了許多。

這樣以後，機身便似受了我暢快的心境的感應，於是在萬重的雲間飄逸起來，非常得意。在我穿着濃雲的時候，就像小孩子和家貓戲嬉，常作急轉灣，回避它，或作翻內圈的動作，給它一個逗笑的包圍。當我從高空投向機場的一段歷程中，突然感到一陣寒流經我的身邊，同時機身微感不安。待我進休息室的時候，從窗內看出天空泛起了數朵的雨雲，而且那可親的蔚藍的天色也便被掩蝕了。

眞理從砲火中探求

在我還未進完午餐，就接得緊急命令，我即半席離去，我趕忙穿好航行服，登上那架給我們預備好的單發機的轟炸機，早有兩人進去。我們各別的行了一次注目禮，接着一個隱然的微笑，當我們赴戰之前，這樣，確可以團結我們的心。

這回，我們同行的共有一大隊，內中除和我們同樣性質的七架機，此外一架是雙發動機轟炸機，一架高速度轟炸機。我們夾雜起來，三架一列的有程序的成爲三排，我這一架的位次正在第三列第二排中，當騰空一千五百尺的時候，我們還是結隊而飛。待到將要降落之際，首先那架高速度轟炸機離隊了，接着我背後的一架和左邊的一架又離隊；當在我們橫過距防衛司令部25NK的地帶，我們便受指揮的命令散開了。方我們這架機折向東去的一刻，可以隱約的聽到轟炸的聲音。想必這就是先我們到的高速度轟炸機的成績。自第一次炸響了以後的，却便連續接下去，這時全體在動員了，我們在偶然間會到那架雙動機發轟炸機，這回可響啦，想是投下三百公斤TNT的地雷炸彈，其爆力眞是振天動地。

我們這一架就趁這個機會接連投了兩顆彈下去，該是，敵艦對這突來的擊襲確起惶恐，亂發高射砲，不知技術不高明，還是因過分慌張總打不中我們，有一彈本來可以擊中我們踏棒的，那就完了，可是並沒有，却穿翼柱間過去，這不過是我們側滑一下的關係，竟給我們脫了險境。

轟炸和高射擊交錯的猛鬭之中，我們又向一隻近泊岸邊的巨型兵艦投彈，這就是今天必須以頑强的鬬力解決的敵方司令艦——出雲號。我們預備擊中它的要害，便低低地滑飛下去，再向它投落一彈，同時的用機關槍掃射。可是結果，我們的機翼被破壞了一部份，正在我們抽身脫險的時候，由激浪的瞥見我們另一架機受重傷，幾乎要跌落江裏；但勇敢的伙伴還掙扎着，畢竟突破了重圍，我們這兩架同患難的單發動機相偕的飛出市區以外。

這民族解放的肥料

出乎我們意料之外的，正在我避開一支襲來的空氣的大壓力，預備側滾的一剎間；忽傳來一聲沉着的呻吟；當下，我還以為是機翼漏發出來的顫音，那知道原來是我們的伙伴，因受重創過度，臨終的慘語！可惜我沒有留意到，只見他的血染滿了一身。大概是給兇暴的砲全部炸裂了。我覺察他的胸口還是跳動，為了存心救回這個垂死的伙伴，同時想可能的保持他的體溫，便向低飛行，放足已不能再放回的四百五十匹馬力。雖然這時我的左手也被轟傷，感到痛楚和困難，但沿着腕臂流。要是比起那重傷的伙伴，我這點却不算什麼了；我囑付一個伙伴留意他，他很傷心的告訴我，說連衣服都掩不住他淌着的血。我回頭看他的血像突泉似的在噴流，再受機身的振動，血已經溼透了他的坐位，且直向大地上滴。這是我們貧弱的民族的肥料啊！他在等候他的血流完，現在面色已是慘白，眼眶也深陷的進去，可是他的眼睛却很鎮定的，不時，還對我們浮出超然的笑，這是偉大的戰士底精神。

「朋友請忍耐；祇有三分鐘，你就可以進醫院了。」

我想不出更好的話，因一時間的感情湧上喉邊，便這樣安慰他。

「不要緊，你們顧自己的事。」

說完，他便把創傷最大的頭部埋向衣袖間。似有意遮避這引人著目的地方，不讓我們分心他。

於是我的眼睛潤溼了，正在艱苦的時候，如果半途中失丟我們這樣有力的戰鬥員，這損失實在太大了。我感到視覺遲鈍起來，現在前面是一團模糊。

「轟！」

又是敵人發來的高射砲，幸我發生急智，連避了幾響，祇見黑煙環蒙着機的邊緣。加以天陰，風又大，我們好像在黑暗中探摸。當我想到背後這可憐的伙伴時，我便勉強忘却自己那破的手，咬緊牙齒，鼓起殘餘的潛力，找我們的歸宿地；閃灼我神彩的目光，有如餓鷹在搜索食物的光景，向無限的，飄渺的空間，衝衝，衝出我們恐怖的死境。

正是要受傷了以後

傍晚時分，我想調節筋力，向棗色的小屋後方，沿着機場綠草散步，足踏在柔軟的草上，精神很覺舒適。那我受傷的手，已經過一次藥水的消洗，且紮好了繃帶，固然不免感到痛，但我沒有報告上峯，借此機會休息。我更要振作起來，我身上的血不能白流的，卽使是一滴血也不該背着敵人流。我邊走，邊感興奮，雖是血滲到繃布外面。殘陽的餘輝從草雜的雲片後面漏下來，映到遠方的山崗，這樣的美景，對於一個勞倦後的人，確是非常安慰的。大概走了一百五十米突遠，將要轉彎，却遙見西角有個人在招我，立刻我變了快步，向那被風飄動的白色底信號奔去。

我還未踏進辦公室，知道又要出發了。隊長眼睛似乎在注意我那受傷的手，却躊躇了一會，說：

「不便？那就不必出去。」

但我已會意到，我便掩飾這「不必」的理由，故意伸出那隻受傷的手，而且近他的面，張開不自然的手掌，活動給他看，證實我毫未失却作戰的能力。

「這不過彈片擦破一點兒皮膚，沒有關係。」

我說；表示願去出力。得隊長命令後，我方知道我們一架機被敵方包圍襲擊，正在萬急中，於是，我便逕向停在東南角的那架單座戰鬥機奔去，這時勤務已加上了油，我打開機門，一躍而上，運用非常的高上升力飛行，在狂風中邁進，直達八千尺高度，然後向目的地插落，一剎那，這幅强頑的鬪爭場面便呈現在我機前不遠的地方：見二架敵機，在追逐我們這架機，正是迫不得已間。但我並不茫然上去救護，據我途中決定的戰略，操向它側方飛行，想在他們注意力集中於我們那一架機上的時候，出其不測而痛擊之。於是我以神速的運行，來一次翻外圈。

一般傳奇似的插話

正在這其間，想是子彈已完，陡然的我們那一架機凌空升上，這是出於敵機的意料之外，當然，敵機不肯放鬆它的，那二架敵機，便同時而且同速率的斜升上去，恰好在我們那機出頭不遠的底下，敵機便作爲畫一個九十度三角尖向記點描去似的，連同我們那架機互撞了。立刻遭受很大的損壞，都飄搖的跌下去。誰知這，我們那位智勇的伙伴，早已乘飛行傘安全的降到地面，以一架已不能脫險的機，陪葬兩架敵機和兩個飛行員，究竟是上算的。這是空戰的奇觀，要不是側身於戰圈中，決計看不到的。這種非常的戰術，是我們絕好的經驗中的教育；可惜到此刻我還沒有調查出是我們那一個伙伴。

一場好詭祕的格鬥

話得說囘來，看了這場惡戰結束，當我起折囘的念頭時，不料遇到一架自己的機，默測它似很慌忙，待不到我們接近，不知幾時來了一架敵機，盤旋於我們頂上，有似監視我們的行動。我們不約的立刻遠離，我一急轉彎，預備佔它的上風。說時慢，那時快，他已經發動了機關槍，當然我不肯相讓，就用側衝，同時扳動了聯動器(Gcar)，立即子彈由螺旋漿旋扶圈間發出，也許我的雄心使我佔了攻勢。那知它佯逃，或對我甚麼不利，我向四周警惕着。果然它向我投來一顆燒夷彈，幸我未迫上去，得免機身燃燒。在它退一著後，我便緊隨着它，眼睛注視照準器(Siyht)發出的子彈和我的行動一致的，結果追得敵機走頭無路。在我偶一側眼間，望見我那戰友在和另外一架敵機抵抗，兩方戰力均等。再自西北角，悄然地，飛來了兩架敵機，不一刻，却一在我左側上方，一在我後邊下方，高高低低，一共有五架飛機會合着。既到這情形，我便暫時放棄那被我追逐的敵機，轉向與新來的兩架週旋，因爲飛行不久的關係，顯然看出它們的强潑的活動。雖然現在已被敵機重重包圍，但我要生存，決定施出我未有的戰鬥術；萬一有甚麼意外，我也得予對方一個大的損失。

於是，我便展開僅有的慧力，心地很沉着而且很機敏的，突向阻擊我最力的兩架敵機間側滾出來，乘便就將正和我伙伴在鬥逐的那架給逃跑的敵機，一夾迫近的掃射；恐怕它的鬪力不強，已是疲倦，祇經我們一夾攻，就負創傷逸去了。但還有兩架。怎麼也不輕鬆我，合力對我射擊，一時便陷於混戰狀態中。約經過五分鐘的惡鬪，我的那個唯一的伙伴，因受重創飛走了。現在祇剩下我一個，在應戰兩架頗强悍的敵機。已到這樣，我僅信賴自已堅定的志意，和非常的毅力來對付險境。

生命寄在 Bead sight 上

我忍着一身創傷的痛楚，目光注射那準星，Bead Siyht 即或是那被風狂吹着的風標，以爲剎時分減痛苦的對象。或上或下的敵機，彈子像是暴雨似的向我打來，我爲自衞起見，用盡我駕駛的技能來囘避它們的轟襲。我感覺到全身已經潮溼，血腥味被寒流中散開來。我欲暫脫這危境，我便佯作跌落；低了它們一格，向下連續的「旋飛。」但我的體力已不允許我這樣。做不到七旋轉的旋飛，便不能再支持了，從高空直跌下來，我的意識也模糊了，至於無線電信似已隔斷，失去它的性能。一切都完了！我忽然一轉念，「民族還未解放，責任上却不容我犧牲的。」怎樣腦筋像被透針刺激一樣，立卽渾身的血液沸騰起來，還在不知不覺間，機身卻已攢昇。其實那時機身跌離黃浦江面只有三米了，稍一差池就可以完結這架飛機和我的生命。

在暴風雨的高空，展開了我們一場毒辣的格鬭，到黃昏時候，我才結束這一天的活動。據說，我駕駛的飛機，幾時降落到機場上，不單我自己無從知道，連留在機場的人都未注意。待到發覺，他們還以爲是一具屍體。

感謝當在威力圈外

意想不到的，這具屍體此刻又已復活了；藉各方面的助力，要想感謝賜我的美意，惟有希望我的體力能早日的復原，再上前線去！最低限度，要先把敵人絕跡，自由飛行我們領空的二百餘公里底威力圈以外。

我一刻也不會忘了我的職能和宿仇；這里還有一方窗子，既可以看到高朗的天景，又可以看到敵機的行動；由此，使我對它們更深的認識，而更加的渺視！

當我擱筆前，該感謝那隻負傷的手，歷七八小時爲我記錄這段同憶，使我留下生活中最寶貴的一頁。再有那縷縷的花香，由它減除我休養中無限的寂寥。

空軍的處女戰

黃源

八月十四日，中國空軍在抗日的民族解放戰爭中第一次顯示了英勇的姿態，上海三百萬民衆懷着同樣的又驚又喜的心情，仰着頭，親眼看見了她的英勇的戰鬬的姿態，這驚喜將立卽隨着捷報擴大到全中國，慰撫着四萬萬顆跳躍不已的心！

那天一朝，我從炮聲中驚醒過來，聽着轟然的大砲聲，同時看着表，差不多是每隔一二分鐘一炮。這使我興奮起來，外面下着狂風大雨。我起身後，再也耽不住，披上雨衣上街去。這炮聲早已驚醒了上海每一個民衆，但我好像要把這消息特別帶去通知朋友似的。我在雨中跑，街上的人，東一堆西一堆在店門口看報。人們都露着興奮的臉，前幾天的疑慮的神色，早給砲聲轟走了。

人們都順着他的手指，仰着頭凝視着東方一大塊的沉重的雲。突然在灰白色的雲塊的間隙中發現了一架飛機在向南飛，接着是一大隊分散的向各處飛去，軋軋的聲音也聽見了。

跑了幾個地方，見了熟人，彼此都慰問似的說着：「打了啊！」

九點多鐘到四馬路，看到報上說「今日日本將出動飛機助戰，」我方巳有準備，」人們都憂慮着，因爲憑着過去的經驗，我們知道日本飛機來，我們只能聽其轟炸屠殺。

這時砲聲仍然連續不斷的響着。雨確停點了，風也小了，但天空中停滯着沉重的雲塊。我和幾個朋友登上了一座四層樓的屋頂，遙望響着砲聲的東北方，突然東邊起了一聲巨響，隨着騰起一陣黑煙，接着是連發的尖銳的砲聲。

「飛機飛機！」前面屋頂上有人喊起來，手指着東方。

「這是中國飛機，那邊是黃浦江，炸東洋兵艦！」一個人喊着，他的喊聲中含着笑聲。

四周屋頂上的人，都隨着笑起來，喊着，拍手着。這喜悅是異常的。

「中國飛機第一次出動打東洋兵！」

「中國空軍萬歲！」馬路上的羣衆都狂呼起來。

每一個人都好像要飛躍起來似的高興着。

「中國飛機轟炸東洋兵艦啊！」又有人在馬路上喊起來。

於是我們從屋頂上下來趕到外灘去。外灘擠滿了人，大部分是從蘇州河北面在日本兵槍尖下逃過來的貧苦的民衆，他們背着包袱，肩着箱子，有的已坐在馬路邊或草地上，有的仍然在朝北跑，我們一路走，一路看見人們在敍述着他們從各處逃出來的情形。一個巡捕的周圍圍着許多人，他指手劃腳的說：

「先看見一只飛機，後來又看見幾只，飛得不高，繞着外白渡橋的那邊飛，我當是日本飛機，想不到的啦，一二八的時候，日本飛機不是時常飛來示威。突然日本兵艦上開砲了，一只飛機斜飛到浦東那面，一下由東邊朝日本兵艦劈下來，擲了二顆炸彈，震天的響，日本兵艦拼命放砲，但已飛去了，可惜差一點。不然那兵艦就毀了。」他說着又指指那停在日本領事館旁邊的出雲艦。

「你看了快樂麽？這兵艦是指揮日本兵艦打仗的，裏面坐着他們的司令官。」

「當然快樂啦！我也是中國人啊！」他裂開了嘴笑起來。

中國空軍的第一次出動，驚震了敵人的胆，慰撫了我們四萬萬五千萬顆跳躍不已的心！

我空軍炸敵目擊記

鄭振鐸

「我空軍出動了！」

這是今晨，最可紀念的「九一八」以來的一個早晨，所聽到的雷似的歡聲。

「我空軍出動了。」

含垢忍辱已久的吾軍，自今晨以後是改取攻勢了！是要以蓄養已久的空軍的威力，來轟炸敵人在上海的根據地與他們的進入中國海的艦隊了！

立刻便得到極大的成功！

我空軍的威力，與陸軍的勇士的刺刀收到了合作的最高的效用，把敵人從北面迫退到南面，從東北面逼退到極東邊，他們的根據地，日本小學，公大紗廠，

（他們是慣以文化、經濟的根據地作爲軍事的根據地的）陸戰隊司令部，都前後爲我們所佔領了！

上午，我在法租界的西區辦公，聽見陸陸續續的炮彈的炸聲。

「這是高射砲！」一位同事說。

另一位同事剛從外面走進，歡容滿面的說：

「我空軍出動了！」

立刻，全辦公室裏的人都交流着喜意，久鬱的憤悶彷彿爲之一舒。

砲聲炸聲不斷的響着，如夏雷似的殷殷隆隆。

天色陰灰，浮雲一塊塊的在天空疾馳而過。風力至勁。

午飯時，流傳着種種的使我們興奮的話。

「敵人已退到蘇州河南面來了。」

「敵人的軍艦已被我空軍炸沉一艘了！」

但後來知道，敵人的出雲艦，那旗艦被我空軍投彈，彈所及處，與那艦身相差不及百餘碼。

高射砲聲迫切的響着。

我空軍正在發揮他們的威力！

下午，三時三十分左右，我在靜安寺上了九路公共汽車，（一路已經是久候不至了）預備由南京路外灘轉到大陸商場。

車過成都路，便已看見東邊的天空，迫切的響着高射砲的炸聲。炮煙一團團的在空中卷滾着。

我空軍有三架在炮烟的上面飛過。

空中有機關槍的聲音。

一架敵人的水上轟炸機明顯的可見到牠的兩翼滿掛着轟炸彈，在空中孤另另的飛着。

牠總在公共租界及法租界的中區盤旋着，飛得很低。

車到了愛多亞路外灘，不能再前去了。

我走行沿着外灘，向東而去。

滿路的人，人頭都仰向天空。

高射炮聲迫切的彼呼此應着。

黃浦江面的天空，炮烟一團團的滾卷，看牠們一團團的從江面敵艦上及領事館的屋頂上升起。

「我空軍來了！」

眼見着我空軍四架在炮煙上面飛了過去，向東而去，向敵人的根據地而去。

羣衆在拍掌。

浮橋上，江邊，高廈的簷下，都站滿了人，頭都仰向天空。

說時遲，那時快，掌聲未絕，我空軍已同時投下了四顆轟炸彈，直向江面上的敵艦投下。

像是小兒玩的紙箭似的，由空中投下，看牠們很小很小的幾個黑點，立刻便大了，立頓便落在江面上。整個地面都被震動。

高射炮迫切的在響着。

我空軍已向東去。

但再一看，江邊的浮橋已折斷，站在上面的人都已不知那裏去了。

羣衆潮湧似的由江邊向西，進福州路、漢口路、九江路而逃。

空的脚踏車棄了一地。——還有縛了箱子在車後的。

我緩緩的也向西走。還想向西北轉入南京路。但已不能走得過。北面的人也都潮湧似的向南逃。

回望着黃浦灘邊，已寂寂的沒有什麼人。

高射炮還在不斷的迫切的響着。

天空上，敵人的水上轟炸機還在低空盤旋着。

黃包車上，已有血淋淋的人躺着向西拖去。——經過的不止一輛。

從福州路向南向西，沿公館馬路走着，一部紅色的救火車飛馳而過。

但是我相信，無辜者的血，必不白流的！

「我空軍出動了！」

「應兵」是無敵的！

無敵者的血，必不白流！

外灘戰雲

大公

「戰雲」本是文章家的一個隱喻，今日的黃浦江上，我們看見戰爭和彩雲的眞實結合了。陰慘的灰雲下，一聲轟隆，地上的炮火隨之滾滾騰湧，高射炮也在天空爆出一團團可怕的黑烟。天空是一片愁雲，黃浦灘上蠕動着一簇比雲彩更要愁，更要密匝的難民。

上午十點一刻，我在愛多亞路屋頂上看見我們三隻飛機盡完轟炸的任務，得意地翔入雲霧裏。爲了看看侵略者的軍艦怎樣狼狽地沉入黃浦江去，我卽刻奔到外灘。到那裏，我首先看到的不是悲壯的轟炸，而是一片流離失所的無辜者，扶老攜幼，不幸的一羣。

作爲都市風景線的草地，如今已變成這些人臨時的國家了。岸上擠了無數觀戰的人，有些洋人還穿着很整齊地立在那裏，一邊用望遠鏡探視着，一邊談笑自若。只有坐在草地上的那些人，沒有好奇的心性，儘呆呆無助地望着天。一聲轟隆，那炮彈落的正是他們自己的家園。

十天前用搬場汽車逃難的，五天前用人力車逃難的，雖然情形都極狼狽，然而沒有昨今臨到關頭才逃出來的慘。這些人的家都極簡陋，然而那是他們僅有的一切。他們實不肯離棄，如今，一切就全都葬在炮火之下了。一個高貴人會譏笑他們背負的那些破爛家私，一攤破絮，一隻盛粥的桶，還看見一個小女孩抱了隻又瘦又髒的貓，但沒有人能公平地衡量這些卑賤寶貝的價值。

沿了江岸的水門汀便道走到外灘公園，那悽慘情狀對每個飽食暖衣者都是一個精神上的烙刑。兩歲的、半歲的，還有不到一個月的乳嬰的哭聲到處起伏着，向着遠處敵人的砲火微弱地抗議，老婦人坐在那裏無聲地抹着淚。摹想昨夜大雨，這些露宿空肚的難民，眼淚必和雨水混在一起，他們的犧牲原應是每一個中國人的犧牲，只因他們逢在鋒刃上，磨難來得早了些。

大世界，共記黃金二舞台收容難民的美舉應該即刻擴大了，救濟難民的工作應和抗戰一樣積極進行。如果闊人不肯把客廳書房讓出來至少大家應捐款接濟他們，收容他們，莫使他們逃出敵人的蹂躪，却又餓死在同胞的脚前。

難得的，是在這些人的臉上，沒有怨容，却只有切齒的恨。賢明的日本人，你們殘酷的砲火才是「抗日」意識最有力的宣傳。這些空了肚皮的人，集成三五個難友，還指手畫脚地講說國事，盼望些勝利，相信些勝利。一個年青小夥子立在海關前銅像的石階上有聲有色地說着他由楊樹浦逃出的沿途。在悲慘的外灘，已自動地產生了無數的「時事座談會。」他們談的事實也許不詳盡，情感却無法再熱了。

封鎖了的黃浦江的景像至爲肅穆。遥望沉船的烟囱露在江面，那沉痛意味充分地象徵了當前舉國抗戰的决心。江上除了各國軍艦外，和車輛擁擠不堪的岸上對照，特别顯得冷清。然而幾隻仗臂力划的舢板還在土黄色的波浪中扎掙着，一顛一覆，然而却筆直地前進着。這勇敢的航手正是我們今日的中央首腦，我們應全變成舵槳手。

由外灘公園東北望去，那便是我們的英勇空軍，中國的鐵鷹，活動的地帶了。外白渡橋這時直如用人綴成的一道橋梁，和我一樣，那裏有無數等待看敵艦炸沉的。日本領事館前泊有旗艦一艘，旁邊用一只商船掩護着。艦上高射砲爲我們的飛機赫得東西擺動，桅桿上，一瞬一瞥地同外邊軍艦交換些詭祕的燈語。

呵，誰，有誰能形容昨天全市因我空軍活動而起的興奮呢！

我的筆太拙，不然，我應把所有那些緊張的臉摹描下來，捧給今天那幾隻中國轟炸機的戰鬥員。那些臉，有焦急，有盼望，終至於感激地流了淚。一個廣東佬，用我聽不懂的方言向我這陌生人訴說，他直快發了瘋，捶着膀骨，唏噓地指說，今天風太大，有一個炸彈落在敵艦緊傍。還看見一個老太婆，她那雙鑲了紅邊的眼睛其實看不到什麽，然而她引頸尋找，嘴裏喃喃地念道着：飛機，飛機。有的人担心那飛機不是我們的，即刻，這懷疑爲羣憤鎮壓住了。

空軍，我們的鐵鷹！你剛一出頭，你便使我們興奮地流了淚。在戰事上，空軍是伸出的手臂，然在華北，我們是抱了肘挨揍。當敵人的高射砲齊發時，我們關心你，看到你由另一朵雲裏鑽出時我們又驕傲了。雲中那影子寄託了我們所有的熱望。

杭州灣空戰追述

迪民

我們回想到一二八，杭州灣空中大戰，那時我們空軍剛樹立了基礎，在一個象徵的晨光中，我們毛羽未豐的鐵鳥，遭遇了敵人的蹂躪。結果我們傷了一位空軍將領，並損壞了一架飛機。那時日本新聞紙的刊載，一秉他誇大的習性，對於杭州灣的空中大戰，認為是他們空軍空前的戰蹟，多用着大號字的標題刊載，算是他們空戰史上最珍貴的一頁。這事回憶起來已是六年多了，不善忘的中國人，似乎還在腦海裏映演着這悲慘恥辱的一幕。

過了六年後的杭州灣，又掀起了狂大的波濤，在八・一四的下午三時許，杭州市的防空警報初次試着可哀可泣的啼聲，市民聽着警報，逃的逃，躲的躲。恐怖和憂慮的心理，都在每一個市民的臉上顯示出來。

二次汽笛的響聲，這是報告敵機已侵入杭市的領空了。這時我們翹首蒼穹？眼看着一朵朵的白雲，很悠閒的舒卷自如。而敵機和我們的飛機隱約中，在那裏時隱時現的盤旋上下，耳邊祇廂聽着轟……的爆炸巨響。這是敵方派來最精銳最精勇的重轟炸機十一架，來轟炸我們這唯一的航空學府。我們空軍將領都抱着與敵拚命的雄心，沈着應戰的追逐驅趕。這時炸彈和高射砲的聲響，不斷地像聯珠似的相互奏應。我空軍高志航君首開紀錄，將敵機擊落一架，頭尾兩翼，五化四散。後來查明機頭在金門檻，機身一翼在麻基村，機尾在莊基村。機上的機師槍手等等，都已烏焦巴弓，而且粉身碎首，殉了他們的職務。高君在鏖戰時上下掃蕩，左右迎擊，他那活躍迅捷的技術，使敵人見了咋舌。當時他在機上應戰，傷了左臂，他還用着右手開機，在鮮血迸流中安然飛回機場。這種鎮靜不亂的精神，足為我們空軍的模範，現在他還在醫院療治。可是不過一些輕傷，稍微幾天，就可痊癒。但是他仍希冀做一個像歐戰時以一機擊落敵機百架的德國紅武士。他又說卽不如此，至也少應當做一個空軍烈士，纔符了他求仁得仁的初願。瞧着他弈弈的精神，豪爽的性格，頗使人敬仰不已。

高君首開紀錄之後，於是接二連三的在筧橋又擊落了兩架，還有五架受傷飛去，徬徨徘徊在浙東的上空，次日在餘姚，蘭谿，浦江等處發現幾架殘餘的機體，而安然囘去僅僅祇有三架。這種空前的損失，開空軍戰史上未有的紀錄，也是我們空軍初出茅廬的第一功，很值得紀錄。

這隊初次光臨的敵機，是從他台北的根據地出發，乃日本空軍中最精銳最神勇的號稱「木更津航空隊」的一隊，它是預備應付世界大戰的。歷年來日本軍部極度擴軍，對於空軍之發展，更是不遺餘力，但是他們國內自己號稱是最精銳最神勇的，在這一天卻被我空軍重重包圍，鏖戰有三小時之久，天空雖是寬廣，但是也殺不出一條生路來，祇好飛來飛去的在白雲堆裏隱藏避匿，同時眼看着同來的餘機，一隻一隻的墜落下去。

這隊重轟炸機，是日本依據德國享格式仿製的單葉雙發動機，原名九六式陸上攻擊機。最高速度每小時二百二十公里，航行半徑二千公里，機內可坐六人至七人，操縱員，轟炸手，無線電攝影手，射擊手等，應有盡有，設備齊全。這一隊來襲的企圖，原想將我們空軍根據地炸成一片平地，誰知初出祁山，竟遭遇着這般空前的意外損失，初非一般窮兵黷武的軍閥所能夢想得到。

十五日的淸晨，他們重整旗鼓，又來襲擊。這時我們駐在口口口的空軍將領劉超然，率領七機，迎頭痛擊。敵機一共十三架，瞧見我空軍迎戰，即四散飛開，東西零落，先後被我機射落了六架，其餘的七架狼狽逃去，而且擒獲了一名俘虜。同時還有八架是飛到筧橋投彈了炸擲七枚，就紛紛向杭州灣逃走。

這一役我們最值得紀錄的要算劉維權君。劉君首先發見敵機，與敵機八架苦戰多時，當將他們擊敗，同時還擊落了一架自己頭受了傷，仍能沈着的安全落地。不過他的傷勢過重，醫治無效，竟於十九日夜十時三十分壯烈的爲國犧牲。劉君是河北人，南開學生，是航校第六期畢業生。敵機轟炸南開，劉君聽了悲憤塡膺，所以這回有着機會殺敵，當然是分外神勇。他的春秋祇二十有四，這種人材的損失，頗值得我們十二萬分的悲悼。

這兩次的空襲，敵方損失已經查明的一共有十三隻之多，（已詳前電訊）其餘未經尋獲的或已尋獲而未經記者探悉的，當然還不在少數。考查它的損失，第一日來襲的重轟炸機每架值五十萬元，其餘以每架二十萬元計，損失統計已值一千萬元之譜。同時被擊死亡的飛行人員，當時在杭縣境界發見的有二十餘具之多。俘獲的有七八名，這種人材上的損失，更不是數字所可統計。

杭州灣的波濤依然奔放，而我們六年來民族的一幕恥辱；仗着飛將軍們的神威，已將它洗濯得乾乾凈凈。

飛將軍訪問記

辛人

廿世紀的象徵爲天空的征服，所以「誰快就誰勝利，」「無空防卽無國防，」領空權的拱衛，係構成現代國家的必要條件。

敵機此次侵我領空，原想滿載而歸，不料給我英勇無匹的空軍，予以致命的痛擊。自詡爲第一流的「木更津航空隊」，幾於全軍覆沒，給好大喜功的日本軍閥們一個活的敎訓。我國無量數的生命財產，在我空軍奮力挫敵的偉績下賴以保全，我們對於衛國保民的空中英雄們，令人不勝欽佩感激！

一個秋陽倘厲的午後，蘊着一股興奮的胸懷，到廣濟醫院去訪問爲國負創的空中健兒。醫院在平時給我的印象，常是陰森沉悶的，可是這一次則例外，激昂壯烈的空氣，加緊了我前進的步伐。

空戰受傷的壯士，魁梧奇偉的劉維權君，傷中要害，不幸於十九夜十時卅分鐘殉國了！在他固求仁得仁，雖死無憾；然處敵人兇燄未滅的今日，將星遽隕，確爲一樁無可取償的損失！他籍隸河北，自南開高中卒業後，即考入航校，爲該校第六期的畢業生。敵機轟炸南開之役，使劉君悲憤填胸，與劉君同駕一機殺敵者爲其同學張光蘊君，亦受有微傷，現住廣濟醫院醫治。據張君告記者，十四夜，我空軍派機一隊，至曹娥某處警衞，我與劉君同派在該隊服務，十五日上午七時，有敵機十一架經過該地，擬進襲杭州，爲劉君首先發現，立即與我登機升空迎戰。當時敵機與我機同時高飛入雲，至海寧上空，我機一架與敵機數架苦戰之結果，當有敵機二架被我機擊中。因我機飛行過速，劉君撞傷頭部，我亦略受微傷，被迫在海寧上空降落。劉君不幸已於十九日下午十時殉國，劉君待人接物，極爲誠懇，性情豪爽，尤富愛國熱情云。張君追述劉君遺事至此，不勝神傷。記者以張君尚在負傷休養中，不便久談，旋即告辭而出。劉君此次偉烈犧牲，使敵機未敢輕入杭州上空一步，厥功至偉。但因殺敵太切，致撞傷頭部，羣醫束手，竟致不起，歿時年僅二十四歲，惜哉！

榮膺此次禦敵空戰首功的是高志航君，六年來的國難家仇，使他不與倭寇共戴一天。他是遼寧人，現年卅歲，幼攻砲科於瀋陽東北炮兵學校，十八歲起即改習航空，曾在法國專研究航空兩年。他說對於航空特具興趣，顧「名」思義，他確是有大「志」於「航」空的，他曾娶一俄婦，生兩子，因國府限制空軍官佐與外籍女人結婚，乃賦仳離，旋與國人結合，現居南昌。他有六個兄弟，家庭狀況甚佳。他傷在右臂，槍彈業經醫生用手術取出，病勢已大見減輕。他說空軍人員應做歐戰時以一機擊落敵機百架之德國紅武士律特豪奮，即退一步，亦應做一個空軍烈士，他這種壯志豪情，眞令人敬佩不已。

以浙人而衞浙土的徐漢靈君，餘姚人，年二十三歲，父母均健在；業商，雁行有四，他先後肄業於上海聖芳濟及青年會中學，亦爲航校第六期畢業生。十五日之戰，彈中左肺，左手大姆指暨中指皆受創去一節，肺部之彈，已安然取出，神態明朗。他撫着創口說：「這是敵人給我的禮物，將來我當加倍送還他們。」態度堅決，溢於言表。當他十四夜在曹娥江畔發現敵機時，倉卒應戰，連保險傘保險帶都沒扣上，左手受傷後，不肯下降，仍運用右手迎戰，一直到敵機慘敗任務完成後，方從容賦歸。

錢國勳君係航校的飛行敎官，頭部傷勢漸痊，約一週後可以出院，他稟性沉毅，緘默寡言。惟對於最近杭州人民的紛紛搬家，尤其是利用公家汽車搬運私人物件的公務人員和市上商店的紛紛關門，認爲一椿奇恥大辱的事，希望短見的杭人幡然改圖，勿使這位呻吟於病榻的志士有所傷感！

此外尚有王廣英張光蘊曹鼎漢黃可寬四君，傷勢均甚輕微，不久就可出院繼續殺敵了。

最後，高志航君很莊重的說：『我國目前空軍的實力，雖可與敵人較一日之短長，然全面抗戰，曠日持久，必須多方補充，方克有濟。此事刻不容緩。』言訖即自動脫下其白金戒指一只，作爲國防獻金，並請報紙努力宣傳，籲請舉國同胞，踴躍解囊，用以購機救國。稍受輕傷的錢國勳曹鼎漢兩君，亦各立捐法幣十元，俾集腋成裘，充實國防。

爲國負傷的空中英雄們，其身雖在病榻，其心則無時不以國族爲念，捐戒助金，唯恐不及，一般愛財若命的人們，視此能不愧死？

奇偉的夜襲

景江

我永不能忘掉，這壯美的偉觀：在一個月白風清之夜，我空軍作了一次英勇的夜襲。

秋天空氣是那麼高爽，傍晚在少女的眼睛似的清遠的青天上，一輪淡白的月輪佔着，人們都知道，今宵將是一個皎潔的月夜，天還未黑，星就閃動它金色的眼睛，接着這輪明月，也舒出了它的光波。在中國對於顏色的分別中本自有「月白」的一種，月的顏色，實在應該獨闢一種的。因爲它不是白，——比白多些微青和嫩黃，但也不能就說微青或嫩黃，因爲它還有光亮的銀色。

本來，無論秋月何等明淨，大上海的中心地的人，是不會感到的。因爲數不清的電燈，拚成了一道光，使明月完全失色。就是月光不爲所奪，人們也完全給五光十色的霓虹燈引去了。

滬戰開始，霓虹燈光一掃而空，就是電燈，也只在幾個最高樓閣的小窗中亮着。我眞懷疑這明月是來報復幾十年來的仇恨哩！它似乎把所有的光波儘量的舒出。把世界完全浸在水晶瓶裏，忽然我的不可改的劣根性，又發了，「趁此炮火暫息的時候，且到屋頂看一囘月再說。」於是趿着鞋，走上了屋頂。

全上海都像蒙上了一層玻璃紙，而在燈光下照着，光明瑩徹。黃浦江像一甌牛奶，凝重而光潔。月很圓，星稀得很，除了很遠的天末，更沒有一絲雲彩。

忽然，黃浦江的日本軍艦，在出一種奇怪的呼聲。幾天的經驗，使我知道這是我軍空襲時日方的警號。警號還沒有斷絕，空中就起了一陣宏大的機聲，我便抬頭看去。起初，是什麼也看不到，後來，窮盡了我目力，才看見先後五六架飛機，很快的從西南飛來。他們飛得很高，使人想起春天，專愛在白雲上釘着玩的燕子。但到租界的上空，最先一隻，忽然流星樣的斜下；這完全像失去了駕駛人一樣的斜墮，但是，我們立刻就知道這是擲彈的準備，因爲當日本軍的高射砲發出了，一團團濃烟時，牠又很快的飛了上去。高射砲又多了幾個，圍着牠打去。他就一直向南飛。

就在這高射砲開得最激烈時，上下盤旋的幾隻，忽然用了最高的速度，從高射砲的濃烟裏掠過去。接連的向虹口日軍陣地投下好幾枚炸彈，立刻，濃烟就像夏天雷雨時黑雲似的翻了上來。

日軍的高射砲，爲這出奇的襲擊所震慴，他一時似乎很不方便對正方向；直到第一個砲彈開出後，濃烟已經成爲天然的烟幕；而我們的飛機，却再就原來地位，投擲了幾個炸彈。

黑烟迷漫了半天，最上最濃，中間稍淡，最下簡直是通紅的火焰了。東虹口是日軍的陣地，他們據險而守，取攻勢的我軍在前進上比較費力；現在這樣的轟燬，是非常有利於我們的進攻的。

烟越來越多，我們的飛機已經安全的飛回了。而日軍的高射砲，也靜止下來。

夜氣還是那麼清，月還是那麼明，這壯烈的一幕，已經在這秋夜中表現過了，英勇的空軍啊！青天是更好也沒有的大紙，你們用你們的武器與熱血在這偉大的紙張上寫作絕世的偉作能！這偉作，將永不會泯滅，將永遠的光輝。

我們的空軍，是向東北方面去的。吳淞口外敵人的兵艦和援兵，是很多很多的停留在那裏；我想你們趁此明朗的秋之夜，是會去從事更偉大的著作罷！那末，上是青天，下是碧海，你們將更大的揮洒熱血；「蒼鷹劈大海」我心醉着牠的雄姿，何況是你們呢，何況你們！

眞是大時代啊，你使我看到這壯美的偉觀！

松浦久夫訪問記

——被俘的日空軍軍曹——

佛舟

讀者還不會忘記吧，前幾天我們在蕭山附近擊落日本重轟炸機一架，裏面四個飛行員逃脫，經我們地方政府的搜索，結果於昨天將這四個敵人俘獲，送到南京來。這四個人中，除掉兩人身上受點傷送院醫治外，其餘二人受我方優渥招待。其中一個年紀很青的叫松浦久夫，我得便與他談話，寫了這一篇訪問記。

松浦久夫是一個十足日本型的人，矮矮的身材長的十分結實，他到招待室的時候，只穿一身白色的粗棉布上下衣，赤着一雙橫闊短硬的脚，粗短的手指，一點小小的東洋式鬍子，無論誰看見都能斷定他是個日本人。

我們請他到我們的住屋。當他行經一面穿衣鏡的時候，他站住了，對着鏡子仔細地看看他自己的面孔，用他粗短的手掌摸摸頭髮，彷彿是很奇怪，爲什麽會到這個環境中來呢？也許他還以是這是一場惡夢！

我們給他一枝「白金龍，」他玩弄着，吸着，點頭表示謝意。於是我們開始和他談話。

「好幾天沒有抽烟吧？」

「唔！謝謝！」

「請問你貴姓？」

「松浦久夫。」

「年紀多少了？」我們繼續問下去。

「廿四歲。」可是我們從他的相貌看來，他彷彿已經是三十多歲了。

「你是那裏的人？」

「福島人」，——四國的福島。

「你在日本什麽學校畢業的？」

「是俘門工業學校畢業的。」

「呵！那麽你是駕駛員麽？」

「我是二等偵察軍曹。」

我們大家相對靜默了一會。在我們的房裏，有一包剛從他所乘的飛機上取下的戰利品——飛行衣，飛行帽，護身符，壞了的機關槍和一顆歪了的子彈。他注視着他的「戰具，」當然腦裏有無限的感觸：前幾天正是他機上的武器，而今天竟是我們的陳列品了！

我們不願多談使一個「人」傷心的話，於是轉過談鋒。

「對於這次的事變，你有什麼感想呢?」我問。

「我們政府對我們說，凡是我們日本人在貴國的都被殺害。」

我向他解釋：「這事，我想你當然知道是不確的，前次貴國藏本副領事的『被逼自殺』，此次貴國在滬水兵宮琦的失蹤，我國政府代爲尋獲，並有極周密的照料；從藏本和宮琦的自白上，卽可以說明一切。但是，你自己的觀感怎樣呢?」

他說：「這次落在貴國，你們的人民送給我食物，送給我棉被，毫無仇視之意，這種好意眞令我驚異，同時也令我感激無已：本來我們被俘，只望一死而已。」

「沒有的事!」我們馬上接着說，「我們素主仁愛和平，不說失了戰鬥力的你，我們將好好的招待，就是對貴國的民衆，我們也從未有敵對的心理。」

「是的，我現在眞的深信貴國和平之至，不過我們也沒有法子，我們是奉命而來的。可是，除掉命令中所圈定的目標，我們也斷不亂擲炸彈以傷人民。」

「對於你的失事，你有什麽感想呢？」我再問。

「原先只預備一死，倒想不到你們如此款待，聽說我們日本打算把貴國的僑民護送回國，我希望這是眞的才好。」

我們給他一杯茶和一枝香烟，他連說「謝謝」不已。我們告訴他已經派人替他去買幾套衣裳，等一會他就可以洗澡換衣裳了。他看看自己的身體，笑了一笑，又連說「謝謝。」因爲日本人的脚形和我們不同，我們恐怕不易找到適合的皮鞋，於是問他歡喜穿皮鞋還是喜歡穿拖鞋。他說：「呵！謝謝！謝謝！什麽都可以，什麽都可以。」

至此，他問：「假如你們允許的話，我想寫一封信回家，報告我的平安和受款待。」

我們回答說：「當然可以。」

他又說：「如果可以的話，我的女人給我的一塊布（按卽所謂「千女縫」是日本一種迷信的保護物）希望送還給我，不可以也就算了。」

談話至此，天色已暗，而且不願使他太疲勞，於是我們結束了訪問，送他回招待室休息。

附錄

空軍戰績

我空軍自應戰以來，奮勇交綏，殲滅敵機敵艦，爲數極衆，擊落敵機達六十餘架，燬沉敵艦達十餘艘，茲將自八月十四日至八月三十一日各戰鬥員所擊落敵機與擊燬敵艦之統計，探誌如下。

敵空軍被我殲滅之飛機種類・地點・日期・及我空軍軍官姓名表

（廿六年八月十四日至三十日）

擊落敵機架數

姓名	籍貫	重擊	輕擊	驅逐機	水機	合計	擊落敵機地點	日期
樂以琴	四川蘆山		四	一		五	覓橋附近擊落四架	十五日
							滬西擊落一架	廿一日
劉粹剛	遼寧昌圖	一		一	三	五	一架落滬西約卅華里	十六日
							一架落滬西鐵路北十餘里	二十日
							一架沿江	十七日
							一架於上海	廿三日
							一架於劉河口西	
							蕣娥附近擊落一架向錢塘江滑下	十五日
董明德	遼寧海城	一	一			二	揚州擊毀一架落東台縣間	廿一日
梁添成	福建商安	二	二			四	在杭州附近擊落一架	十四日
							南京溧水間擊落二架	十五日
							覓橋附近擊落二架	十六日
陳盛馨	福建連江		二			二	在曹娥附近擊落二架	
							落於機場南方後山	十五日

傅嘯宇	福建福州	一 一	二	句容附近擊落一架 上海擊落一架	十六日 十七日
楊慎賢		二	二	嘉興擊落兩架	十六日
李桂丹	遼甯新民	一	一	曹娥江擊落一架	十五日
毛瀛初	浙江奉化	一	一	杭州場東	十五日
楊夢青	河北天津	一	一	半山橋司間	十五日
王蔭華	河北清苑	一	一	空校半山間	十五日
黃光漢	浙江餘姚	一 一	二	南京溧水間 落南匯咀海面	十五日 三十日
王遠波	遼甯安東	一	一	翁家埠	十五日
鄭小愚	四川渠縣	二	二	錢塘江口一架 南京溧水間一架	十四日 十五日
吳鼎臣	江蘇漣水	一	一	南京溧水間	十五日
巴清正	吉林賓縣	一	一	筧橋附近	十五日

黃泮揚	廣東恩平	一			一	句容之西	十六日
黃泮揚 陳其光	廣東番禺	一			一	句容之北	十六日
秦家柱	湖北咸豐	一			一	落於南京東撞地焚燬	十五日
黃新瑞	廣東台山	一			一	落於南京東撞地焚燬	十五日
袁葆康	江蘇上海	一		一	二	揚州擊落一架落淮陰附近 擊中一機於上海目睹噴出白烟	廿一日 廿三日
朱恩標	河北天津	一			一	揚州擊落一架	廿一日
李桂丹 柳哲生 王文華	河北清苑		一		一	擊落於杭州	十五日
李桂丹 同友機 三架	河北清宛	一			一	擊落於杭	十五日
王文華	河北大城		一		一	擊落於筧橋機場南	十六日
高志航	遼甯通化		一		一	擊落於半山附近	十四日

高志航
譚文等
譚　文
范金函
譚文
范金函
周庭芳
馬庭槐
劉依鈞
趙乃俊
徐漢靈
楊辛癸
魏同方
陳有維
黃居谷
劉熾徽
岑澤鎏

遼寧
安國
河北
清苑
河南
內黃
廣東
台山
江西
萍鄉
福建
浙江
安徽
江蘇
湖南
廣東
廣東

擊落於半山附近焚燬　十五日
喬司　十五日
擊落於東南廿公里　十五日
擊落於方山東南五公里　十五日
擊落於句容南京間　十五日
擊落於鎮江縣麗華鄉山　十六日
揚州擊中一架落於六合儀徵間目見焚燬　廿一日
落於曹娥江間山中　十五日
曹娥機場附近　十五日
落於天王寺附近　十五日
落於溧水附近　十五日

5

呂其淳	河北景縣	三		三	南京句容間	廿四日
					天長高郵附近一	廿七日
陳瑞鈿	廣東台山	一		一	句容	十六日
鄧政熙	廣浦高安	·	一	一	焚燬於上海江邊	廿三日
龔業悌	湖南湘潭	一		一	擊落廣德西北山中	十九日
敖居賢	遼章鳳城	一		一	聞落於廣德附近撞山毀碎	十九日
合	計	二九	二四	五三六一		

附記，㈠敵機擊落後，屍身已由各地方政府埋葬，有案者計八十具，按其機種推測，其死亡人數，尚應有五十六人。㈡俘虜十一人，已解京者十人，被逃正在弋緝者十人，共計敵死亡人員當在一百五十餘名。㈡此外被我擊傷者，或觸山，或沉海，預料當不在少數。（如九月六日據甯波防守司令王皞南轉據定海縣政府報告，有敵重轟炸機一架受傷後，沉沒於縣屬宮前島海岸，用

竹竿可以撈看）。

八月份擊毀敵艦統計表

月日	地點	損毀情況
八月十四日	吳淞口外	炸敵艦旁十餘米處彈暴發敵艦搖動甚重
八月十九日	花鳥山附近	炸毀敵艦艦尾有沉沒可能
八月廿一日	泗焦山附近	彈落敵艦旁艦身搖動
八月廿四日	吳淞口外	炸沉敵艦一艘沒於吳淞口外另一艦艦尾着火
八月廿日夜	吳淞口外	擊中敵艦一彈先後被炸敵艦因傷擱淺者二隻拖走者一隻
八月廿八日	白龍港	擊中敵艦起火艙面人員立即搶救
八月廿九日	泗礁附近	擊中敵運輸艦艦尾

九月一日　劉河附近　命中敵艦彈藥庫見艦上爆炸多時有沉沒可能(夜二時四十分轟炸)

附記，本表所列，係目見證明者，此外尚有在夜間雖命中，以後不知下落者。

淞沪抗战史料丛书

第一辑：上海抗日血战史／何天言编
第二辑：上海事变与报告文学／南强编辑部编
第三辑：上海市民地方维持会报告书／上海市民地方维持会编
第四辑：十九路军六十一师百廿一旅淞沪抗日战记／张励编
第五辑：淞沪御侮记／沃邱仲子著
挥戈录：上海战事记载／民声出版社编
十九路军血战抗日之真相／抗日急进会编
第六辑：上海抗战／贾开基编
淞沪血战面面观／刘子清编
空军抗战纪略／吴亮夫著
远东第一次空中大战记／战时读物编行社编
第七辑：沪难与日本／佚名著
淞沪和战纪事／佚名著
第八辑：战地摄影／李尊庸编
庙行镇战记／赵寒星编
淞沪抗日战役第五军战斗要报／佚名著
商务印书馆通信录国难特刊／商务印书馆编
第九辑：十九路军血战全史／高慎行编
一二八两路创痕／佚名著
一二八的一些纪念品／淞沪警备司令部编
第十辑：军中随笔／谢冰莹著
东战场上／华之国编
上海前线／李女编
大江南线／曹聚仁著
东线血战记／曹聚仁等著
别动队在浦东／郭兰馨著
第十一辑：沪战实录／杨纪著
上海抗日血战记／李剑翁编
淞沪抗日之血痕／詹宝光著
第十二辑：闸北七十三天／胡风主编
淞沪火线上／范长江主编
上海抗战记／郭沫若等著